SSAP

手册系列

Ⅱ

皮书手册

写作、编辑出版与评价指南

（第四版）

Pishu Manual of Style:

The Essential Guide for Writers, Editors & Evaluators, Forth Edition

“皮书规范”课题组　研　制

谢曙光　主　编

社会科学文献出版社

SOCIAL SCIENCES ACADEMIC PRESS (CHINA)

共享　**创新**　**专业**　**用心**

社科文献新媒体矩阵

皮书说	集刊纵览	社科期刊网	社科数托邦	国际版话
先晓书院	甲骨文	索恩thornbird	启 微	方 寸
世间之盐	思想会mindtalk	凹阅读	九色鹿	群 学
社会学之思	鸣 沙	人文万象	边际客	城邦的世界
鹰 观	布鲁布克	列国格治	经管领读	及物设计SSAP

课 题 组

组　长　谢曙光

副组长　蔡继辉

成　员　吴　丹　齐　佳

秘　书　丁阿丽

编撰分工

第一部分　皮书导论 // 谢曙光

第二部分　皮书研创规范 // 蔡继辉

第三部分　皮书编辑出版规范 // 吴　丹　丁阿丽

第四部分　皮书发布与推广 // 蔡继辉

第五部分　皮书法律规范、权利责任与版权管理 // 齐　佳

第六部分　皮书评价与评奖 // 蔡继辉

第七部分　皮书数字化发展 // 刘　姝

第八部分　皮书国际化发展 // 史晓琳　梁　帆

专家委员会

一 学术专家（按姓氏拼音排序）

何德旭 中国社会科学院财经战略研究院院长，研究员

李 林 中国社会科学院法学研究所原所长，学部委员

刘益东 中国科学院自然科学史研究所研究员

沈雁南 中国社会科学院欧洲研究所编审

王文军 南京大学中国社会科学研究评价中心主任，教授

二 业界专家（按姓氏拼音排序）

傅祚华 中国大百科全书出版社编审，全国新闻出版标准化技术委员会顾问

贺耀敏 中国人民大学副校长，教授

童根兴 社会科学文献出版社副总编辑，副编审

杨 群 社会科学文献出版社总编辑，编审

主编简介

主　编

谢曙光（笔名，本名谢寿光）

1956 年 10 月出生，毕业于厦门大学哲学系，曾先后在中国大百科全书出版社任编辑、编辑部主任、社长助理、社党组成员，主持《中国大百科全书》哲学、社会学卷编辑工作。1997 年秋调入中国社会科学院社会科学文献出版社。

现任中国社会科学院社会科学文献出版社社长，中国社会学会秘书长，二级研究员。中国社会科学院研究生院教授、华侨大学特聘教授。1993 年起享受国务院政府特殊津贴；1996 年获“全国优秀中青年编辑”称号；2008 年被评为“全国新闻出版行业领军人才”；2009 年荣获“韬奋出版奖”；2013 年起，受聘担任国家社会科学基金学科规划评审组专家；2017 年，荣获“第四届中国出版政府奖优秀出版人物奖”。

先后主持国家大型国情调研项目，出版“中国国情丛书——百县市经济社会调查”100 多卷，主持多项国家社科基金科研项目，领衔国家学术出版规范研制。开创知名学术品牌“皮书系列”图书，被誉为“中国皮书出版第一人”。

主要学术成果包括《哲学百科辞典》（合著，1992）、《中国社会工作百科全书》（主编，1994）、《中国大百科全书（简明版）》（社会学条目主要作者，1997）、《皮书手册——写作、编辑出版与评价指南》（主编，2016）、《学术出版研究中国学术图书质量与学术出版能力评价》（合著，2018）、《中国学术出版：现状、问题与机遇》（论文，2013）、《全面深化改革与中国社会学的责任担当》（论文，2014）、《学术出版与中国国际话语体系的构建》（论文，2014）、《大数据时代的学术出版》（论文，2017）等。

其他主要执笔人

（按照章节顺序排列）

蔡继辉，社会科学文献出版社副总编辑，皮书研究院院长

吴　丹，皮书研究院执行院长

丁阿丽，皮书研究院副院长

齐　佳，法务部常务副主任

刘　姝，数字出版分社副总编辑

史晓琳，国际出版分社副总编辑

梁　帆，国际出版分社总编辑

目 录

细 目

第四版前言

2020 年，注定是一个不平凡的年份。新冠肺炎疫情席卷全球，彻底打破了人类原有的生产、生活状态和秩序，这一状况与近年国际上反全球化、保守主义、民粹主义盛行等因素叠加，为人类社会的发展增加了巨大的不确定性和变数。

2020 年，也是中国全面建成小康社会的收官之年，同时也是“十三五”规划的收官之年，中国特色社会主义现代化将开启新的征程。未来，互联网、大数据、人工智能和区块链技术的长足进步和广泛使用，又为人们精准把握外部世界、消除不确定性提供了无限的可能和想象空间。所有这一切，都成为各行各业发展必须面对和应对的时代课题。

对于社会科学文献出版社（简称社科文献）而言，2020 年正值建社 35 周年，这是一个从制作产品到创建品牌，从创建品牌再到引领规范，进而明确提出构建出版社自身文化基因的关键年份。8 年前（2012 年），我负责原新闻出版总署学术出版规范行业标准起草时，同时在出版社内部组建了《社会科学文献出版社学术出版手册——写作、编辑、出版指南》（简称《SSAP 手册》）课题组，旨在打造“中国版的《芝加哥手册》”。

《SSAP 手册》的研制工作在 2020 年初进入提速期。在疫情防控期间，虽然业务交流不能线下进行，我们的员工在春节前后也分散在全球各个城市，但得益于出版社长期以来线上办公系统的部署，我们迅速启动了云会议、云直播等在线办公模式。也是在这种情况下，我们进一步加速推动了《SSAP 手册》的研制。2020 年 8 月,《SSAP 手册系列 · 1——作者手册》正式出版，线上线下同步发布，这标志着社科文献所引领的学术出版规范建设进入了制度化推进的新阶段。

作为《SSAP 手册》重要组成部分的《皮书手册——写作、编辑出版与评价指南》(简称《皮书手册》) 早在 2016 年就率先出版发布了第一版，之后大致保持每年修订一次的频率。2020 年，随着《SSAP 手册》研制工作的提速,《皮书手册》第四版也随着《作者手册》的正式出版而重新推出。

截至 2019 年，社科文献每年连续出版的皮书近 450 种，皮书总字数达到 12.5 亿字；皮书作者总数近 30000 人；参与皮书研创的智库数量近千家。《皮书手册》是服务于中国智库成果（皮书）研创写作、出版发布、评价推广等全流程的工作指南，旨在“提供关于皮书研创、编辑、出版的完善、合理、有效并能经得住考验的方案”，并帮助相关环节的专业人士正确识别并恰当地使用这些规则。

中国社会科学院院长谢伏瞻在第二十次全国皮书年会上对皮书提出了“高质量发展”的要求。在如火如荼的“智库建设”“智库评价”的“热浪”中，智库成果始终是体现智库价值的最终抓手，能否持续产出高质量的智库成果也成为决定智库影响力的主要因素。本次《皮书手册》的修订也在内容上更加突出皮书“高质量”的发展要求，重新梳理框架，并更新皮书发展中的新经验、皮书管理中的新措施。

《皮书手册》第四版共分为 8 个部分。第一部分由原来的“通则”改为“皮书导论”，进一步厘清皮书报告的类别，在皮书报告分类中，增加了“研究报告”，并对研究报告类皮书进行严格的界定和科学的规范，使其区别于普通的“研究论文集”；第二部分和第三部分分别是皮书研创规范和皮书编辑出版规范，这两个部分以“皮书创意的形成→选题的策划→编辑、出版”的时间轴为序，梳理了每个环节的重要事项、具体的操作流程，以及写作中应当遵循的规范；第四部分是皮书发布与推广，此次补充了皮书直播等新的发布方式；第五部分是皮书法律规范、权利责任与版权管理，本次修订强调了皮书品牌知识产权的保护，皮书出版方对皮书享有专有出版权，出版社对皮书相关设计申请了商标专有权，这有助于推动皮书相关品牌的保护，有助于皮书相关项目的申报，皮书研创者和出版者、发布者也有责任和义务共同维护皮书的品牌价值；第六部分是皮书评价与评奖，本次更新了皮书综合评价指标体系；第七部分是皮书数字化发展，介绍了皮书数字化发展的历程，以及皮书数字化的类型及规范；第八部分是皮书国际化发展，在保留上一版皮书英文译文规范的基础上，补充了皮书国际化出版的规范流程，并介绍了皮书国际化传播的路径。

为了进一步控制皮书数量、提升皮书质量、优化现有皮书品牌结构，2020年，皮书正式启动书目管理制度。依托皮书学术共同体，以皮书综合评价指标为依据，对所有皮书品牌实施评审，通过评审的皮书方可进入皮书出版目录。皮书出版目录实行动态管理，每年评审、定期公布。这一版本的《皮书手册》也补充了皮书书目管理制度、皮书目录反馈单制度等多项为提升皮书质量而探索的新举措。

皮书是中国社会科学界、智库界共同打造的智库品牌，《皮书手册》是以皮书人命名的学术共同体的智慧的结晶。作为《皮书手册》的主编、《皮书手册》研制课题组的组长，我要感谢皮书的研创者对《皮书手册》的长期关注，通过不断提升皮书质量，把有关中国发展、中国经验、中国道路的重要研究成果呈现给世界，并由此提升了中国智库、中国学者的影响力与话语权；我要感谢本书学术专家、业界专家对本书的指导，使《皮书手册》真正站在学术规范研究的专业前沿；我也要感谢 SSAP 项目组的成员特别是皮书研究院的同事们，童根兴副总编辑对整体结构提出了极具价值的修改方案，《SSAP 手册》课题组其他成员参与了《皮书手册》第四版的专题研讨，从实践工作角度提供了有价值的见解与帮助。

我坚信，皮书人携手共同打造的学术共同体、智库共同体，将通过皮书这一成果形式记录、呈现中国特色社会主义伟大实践，并不断推进中国特色新型智库建设及质量发展。我们期待未来有更多的皮书主编、皮书报告作者参与到《皮书手册》的修订工作中来，提出宝贵的意见和建议！《皮书手册》将为不断探索皮书发展中的规范而继续努力！

2020 年 9 月于北京马甸

第三版前言

党的十八大以来，习近平总书记面对当代世界复杂多变的世情，站在中华民族伟大复兴中国梦的高度，明确提出建设中国特色新型智库的要求，并对此做出一系列重要指示。2016 年 5 月 17 日，习总书记主持召开“哲学社会科学座谈会”并做重要讲话，对中国特色新型智库建设提出了更加明确的具体要求，指出：“智库建设要把重点放在提高研究质量、推动内容创新上。要加强决策部门同智库的信息共享和互动交流，把党政部门政策研究同智库对策研究紧密结合起来，引导和推动智库建设健康发展、更好发挥作用。”

党的十八大以来，作为智库成果创新形态的皮书也获得了长足的发展。从数量上来看，社会科学文献出版社出版的皮书品种数从 2012 年的 226 种增加到 2017 年的 410 种，五年的时间增长了 80%；参与皮书研创的学者、作者超过数万人，皮书报告的篇数达到数十万篇，使用皮书及皮书数据库的读者遍及海内外。从影响力来看，社会科学文献出版社每年举办百余场关于皮书的新闻发布会，中外媒体报道达 10 万余次，还同时发布中、英、俄、日、韩等 12 个语种的版本。此外，皮书还为研创者提供了一个向国内外发声的平台。因为皮书影响力的不断扩大，皮书研创者的思想和声音才能在世界范围内传播。对内，他们用自己的思想影响社会；对外，他们提出中国学者对于国际事务和全球治理的观点，影响参与人思考问题和解决问题的方向。皮书正在形成一种无形的力量，吸引社会各界关注中国的发展，参与中国的发展，它是我们向世界传递中国声音、总结中国经验、争取中国国际话语权最主要的平台。

皮书手册是为皮书研创制定统一出版规范与标准的工具书。自 2016 年首次出版以来，皮书手册获得了皮书作者、读者的广泛关注与支持，很多手册的使用者给我们提出了很好的建议。两年来，在皮书研制、出版的实践中，我们积累了大量新的规范经验。比如，皮书准入环节实行专家匿名评审、皮书编辑增加专业预审环节等。鉴于此，今年我们推出了第三版。我们希望，通过对皮书研创规范、出版规范的精益求精，进一步加强新型智库建设。在第三版中，我们做了以下修订。

第一，在编辑出版流程中，增加预审环节。皮书预审是出版机构在皮书正式进入排版之前，在正常的“三审三校”流程以外，对于皮书报告内容的提前审核。审核的对象是皮书的框架设置、要件、摘要及关键词。此举旨在从皮书的专业形态上提前把关。

第二，对皮书及皮书报告要件的进一步明确。本次修订总结了皮书及皮书报告中必备及可选要件。

第三，规范皮书著述方式。著述方式是对皮书创作形式、责任主体及署名信息的界定。不同著述方式中，皮书报告的责任主体承担的责任不同，本手册建议，作为智库成果类报告，皮书的著述方式可以增加“研创”，突出报告的科学性。

作为皮书手册研制课题组的组长，我将加快推进皮书写作模式的创新。作为一种连续性出版物，单种皮书的主题、版式相对固定，研创者重复相同的工作造成效率低下。因此，我们正在开发皮书编撰软件，将可以由机器解决的问题交给机器，帮助研创者将精力投入研究工作中，在规范流程、保护皮书个性研创的前提下，全面提高皮书编撰效率。同时，为了方便皮书主编管理多篇报告，我们研发的“皮书投约稿系统”也已经进入了试用阶段。

我主持的社会科学文献出版社学术出版手册（SSAP 手册）已进入后期研制阶段，将要付梓出版，这套规范旨在打造中国版的“芝加哥手册”。这本皮书手册也是 SSAP 手册的一部分，我们希望在推动学术出版、智库成果出版的过程中不断完善自身，更好地服务于新时代的哲学社会科学事业！

2018 年夏于北京马甸

第二版前言

2017 年，皮书品牌的专业化建设迎来了二十周年。

二十年，从最初一个出版社的学术产品名称到媒体和公众使用频率极高的热点词语，从专业术语到大众话语，从官方文件到独特的出版形态，作为重要的智库成果，“皮书”始终致力于成为信息爆炸时期的信息过滤器，成为经济社会发展的记录仪，成为政策制定、评估、调整的智力源，成为社会科学研究的资料集成库。“皮书”的概念不断延展，“皮书”的种类更加丰富，“皮书”的功能日渐完善。

在中国经济社会结构转型、改革深化的今天，在从传统出版向现代出版跨越的新环境中，“皮书”作为智库类成果的代表，它的成长见证了中国哲学社会科学研究的不断创新与繁荣，更记录了当代中国发展的实践与路径；它的成长，不仅体现了新时代学术出版机构应有的时代担当与责任，更为中国哲学社会科学界解读这个伟大的时代提供了平台与渠道。

原创、实证、专业、连续、前沿、时效，这六大特色一直是皮书努力保持的方向。一本好的皮书需要研创单位、出版机构共同合作，精心雕琢。2016 年，“工匠精神”首登总理的政府工作报告。此后，用心、专业、严谨等理念深入各行各业，为浮躁的社会开出了一剂良方。

早在 2006 年，社会科学文献出版社就与具有 300 多年历史的荷兰 Brill 学术出版社签订了战略合作伙伴框架协议，将皮书系列中具有代表性的皮书翻译成以英文为主，同时也包括俄语、韩语、日语等其他语种在西方主流学术界出版发行。从皮书国际化的情况来看，当务之急是构建可与世界进行学术规范融通、对接的中华学术规范体系，着力提升本土学术出版物规范标准和水平。道理显而易见：没有与国际规范对接的学术规范体系，既不能提高学术成果内容质量，也无法真正进入国际学术话语体系，从而难以对国际社会产生实质的影响。我相信，这是中国学术出版机构的历史担当！

鉴于此，2012 年，我社联合国内 50 多家知名学术出版机构倡导中国学术规范发展。2014 年起，社会科学文献出版社领衔专业团队，先后承担了近 10 项学术出版规范的起草工作；同时，在出版社建立完备的内部学术出版规范制度，成立“SSAP 学术出版规范”课题组，开始编撰《SSAP 手册》，并致力于将其打造成中国版的《芝加哥手册》。

这本《皮书手册》就是《SSAP 手册》的重要组成部分。尽管本手册是皮书的研创、出版、评价规范，但由于皮书是智库报告最为典型的发表形式，在发行后的两年多时间里，它为整个智库成果的写作起到了引领和示范作用。让我们获益匪浅的是，从皮书读者、作者到资深的皮书编辑，都对我们的手册提出了大量的有价值的修改建议。我们也期待，未来有更多的智库团队使用我们的《皮书手册》来规范智库成果的出版、传播，有更多的智库人、皮书人为《皮书手册》的修订建言献策。

《皮书手册》出版的初衷就是“提供关于皮书研创、编辑、出版的完善、合理、有效并能经得住考验的方案”，并“帮助相关环节的专业人士正确识别并恰当地使用这些规则”。此次再版，我们重点做了以下四个方面的修订。第一，更新并增补案例（示例）。皮书的设计、版式每个年度都会有微调，《皮书手册》理应介绍最新的皮书设计成果，同时，对于摘要、关键词等重要要件，我们遴选了最新出版皮书中的优秀案例，以资参考。第二，重新布局第三部分“研创规范”中的内容。原先本部分的排篇布局是按照皮书研创时所需处理事项的前后顺序来写，修订时，对这些事项进行了重新梳理、归类，使之更加清晰。第三，在第六部分中增补了关于“皮书评奖”的内容。“优秀皮书奖”的评选工作始于 2009

年，和皮书评价一样，多年来，对于遴选优秀皮书、引导皮书发展发挥了很大的作用。第四，对于不再适应实际需求的规定、表述进行及时的删改。皮书作为应用型的智库成果，不仅在内容上紧随时代发展的热点，其呈现方式、表达方式亦可谓百花齐放。如何在充分体现每一本皮书独特性、创新性的同时，总结出一套通用的表述规则，是我们不断修订手册的动力。当然，《皮书手册》本身表述的科学性、规范性也是课题组始终孜孜以求的目标，为使《皮书手册》更便于阅读，我们在修订中也重新梳理了文字。

正如我在第一版前言中所提及的，只有通过一整套通用规范，“为数以万计的皮书研创者实现沟通、交流，提供科学、便捷的标准”，我们才有可能实现皮书品牌的可持续发展。在皮书专业化二十年之际，《皮书手册》的再版工作得到了出版界、学术界同仁的智力支持，出版社皮书研究院的同仁、课题组的各位执笔者付出了辛勤的劳动。作为课题组组长和手册的主编，我要向各位为皮书的专业化、规范化付出心力与智慧的皮书主编致敬！感谢各位关心、支持皮书事业发展的学界同仁、皮书读者！

二十年的“皮书”正是好年华，愿每一位皮书人付出的心血与智慧不辜负这个时代！

2017 年春于马甸

第一版前言

“皮书”这个概念在中国具有两个层面的含义。一是“国家或专门机构正式发布的重要文件或报告书”，是一种官方文件，代表政府立场，要求事实清楚、立场明确、行文规范、文字简练。二是“以年度为时间单元，关于某一门类、地域或领域的社会科学资讯类连续出版物”，作为一种出版形态存在，强调的是服务社会、权威专业、跟踪前沿、趋势预判、数据分析。第二层含义是对第一层含义的转化和延伸，目前已经发展成为出版业的一个独特品种。“皮书”概念超越了原有的政府或专门机构发布的重要文件范畴。

“皮书”从官方文件到出版形态，被社会广泛接受，源于 1990 年的“蓝皮书”，即刘国光、李京文等人运用经济模型对中国经济形势进行分析与预测所形成的研究成果，用蓝色封面装订成册，在内部传阅。1991 年，“经济蓝皮书”作为正式出版物开始公开出版发行。建立“皮书”概念，使皮书研创出版实现质的飞跃则肇始于 1998 年社会科学文献出版社（SOCIAL SCIENCES ACADEMIC PRESS, 简称 SSAP）开启的皮书市场化、系列化运作。

1997 年之后，皮书影响力不断提升，吸引了一大批对中国经济社会发展有抱负、有想法、有热情、有能力的作者投入皮书的内容创作，为皮书带来丰富的内容资源。随着研究团队的相互启发与切磋，皮书内容的视角与切入点不断拓展，研究领域不断细化，社会生活的各个方面都成为研究对象，内容涉及经济、社会、文化、法治、金融，医疗、旅游、人才、教育，行业、地区、国别等，皮书产品不断丰富。除了蓝皮书，皮书还包括侧重于国际问题研究的黄皮书和专注于可持续发展问题研究的绿皮书。随着内容和品种的丰富，读者获得了更具多样性的服务和更为专业、精深的研究成果。出版社的工作贯穿于皮书产品生产的全过程，从选题策划、准入、与作者探讨、修改文本到编辑加工、印制发行和市场推广，每一个环节都做了细致安排。这几个方面形成合力，相互促进，使皮书市场十分活跃，为皮书品牌的树立打下了坚实的基础。

作为智库成果及其发布平台，随着全球智库建设的升温，“皮书”已然成为全社会的热词。皮书的读者主要包括党政领导干部、国内外现实问题研究者、相关专业教师和研究生、社会组织管理者、新闻工作者、投资者、对国内外现实问题感兴趣的普通读者等。各类研究机构（政府、科研机构、大学、企业）主编的“皮书”及其连带的内容、观点逐步深入人心，在中国随处可见其踪迹和影响：政府部门的资政参阅，研究人员的研读借鉴，企业领袖的决策参考，顶级新闻媒体的实时发布，投资者的资讯追踪，普通大众的街谈巷议。“皮书”正成为一个平台，为广大对中国经济社会有着深刻理解的专家学者提供一个展示其观点的舞台，为广大对中国现状有着热切渴望的读者提供一个资讯平台，为中国学术与社会发展实践的结合提供一个场域。这一平台所具有的凝聚力正在形成一种无形的力量，吸引着社会各界关注中国的发展，参与中国的发展。

然而，“皮书”的发展始终存在一些问题：在研创方面，内容质量参差不齐，学术规范欠缺，原创性不足，研创过程缺乏统一的、可操作的规范；在出版方面，作者与出版社责、权、利不清晰，编辑体例五花八门，缺乏统一的标准；在评价方面，皮书类成果的评价社会认知度低，尚未形成全国统一的评价方法和标准。

正如美国心理协会出版人格雷·范登博思博士在第六版《APA 格式》前言中所述：“统一的写作体例能够帮助我们迅速从文章中提炼出要点和研究发现……写作体例能够帮助大家恰当表述定量研究的结果，选择与分析方法最匹配的图表，以准确且体面的语言描述有关个体。”皮书的研创出版同样急需一整套通用规范，为数以万计的皮书研创者实现沟通交流提供科学、便捷的标准，从而实现皮书品牌的可持续发展。鉴于此，社会科学文献出版社从 2009 年起每年发布《皮书操作手册》（2013 年起改版为《皮书研创 · 编辑 · 出版 · 评价手册》），作为内部工作指南。这些手册为规范皮书研创出版起到了很好的参考作用，也受到了皮书作者、编辑的广泛好评，因此，决定 2015 年修订后正式出版。

在融合前几版《皮书手册》内容的基础上，本次修订在设计思路上借鉴了《芝加哥手册——写作、编辑和出版指南》等国际出版标准，着重从皮书写作、编辑和出版三个方面论述，结合皮书的特殊要求，增加了皮书的权利、许可与版权管理，皮书评价，皮书推广等特定内容。全书共分为八个部分。第一部分通则，是与皮书相关的重要概念界定与全书内容概要；第二部分法律规范、权利责任与版权管理，明晰了皮书研创单位、主编、单篇报告作者、编辑、出版机构的权利与责任；第三部分研创规范，主要从作者和原稿的角度论述了皮书研创的方法及要求；第四部分技术规范，是对皮书体例的统一，作者和编辑都可以直接参考、使用；第五部分编辑出版规范，介绍了皮书编辑和出版流程的相关规则；第六部分评价与评奖，是对社会科学研究成果评价的探索，介绍了皮书的评价指标体系，评价、评奖方法和评价、评奖主体；第七部分发布与推广，介绍了皮书发布与推广的主要方法；第八部分英文规范，说明了皮书常见英文的规范性用法。

《皮书手册》是社会科学文献人长期从事皮书工作的智慧结晶。皮书工作者对皮书发展进行了孜孜探索，付出了辛勤努力。皮书管理者在深入研究基础上形成了一系列皮书规范与评价标准。《皮书手册》研创团队结合出版社的皮书工作，就皮书规范进行了开拓性研究，最终形成本手册。学术专家和业界专家对手册提供了不吝指导，使手册更具专业性和前沿性。《皮书手册》是《SSAP 手册》的一个重要组成部分。《SSAP 手册》课题组成员参与手册专题研讨，从实践工作角度提供了有价值的见解与帮助。值此社会科学文献出版社建社 30 周年和《皮书手册》出版之际，作为主编，我衷心感谢上述各位的辛勤劳动和智力付出！

与往年的每一版《皮书手册》一样，本书尽最大努力提供关于皮书研创、编辑、出版的完善、合理、有效并能经得住考验的方案，旨在帮助相关环节的专业人士正确识别并恰当地使用这些规则。同样，我们也真诚地希望得到来自作者、读者和编辑的意见和建议，帮助我们不断完善这些规则。

愿这本小册子能够抛砖引玉，让更多优质的皮书服务于我们这个波澜壮阔的时代！

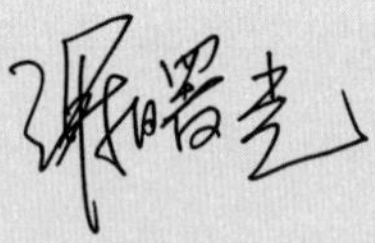

2015 年秋于北京马甸

第一部分

皮书导论

1.1 术语与定义

1.1.1 研究报告

研究报告是指由从事科研活动的组织或个人撰写，基于自然科学领域或社会科学领域的基础研究或应用研究的任何主题，旨在推广、传播、交流、利用自然科学或社会科学研究与实践的结果，并提出有关行动建议的研究性文献。

本手册所述研究报告主要是指社会科学领域的研究报告，是指用于描述社会科学领域研究的过程、进展和结果，或描述一个社会科学问题状态的文献。

本手册所述研究报告可分为学科动态型研究报告、文献综述型研究报告、实体研究型研究报告。学科动态型研究报告是对某个学科的动态发展进行的研究；文献综述型研究报告是针对某个社会问题或主题进行的文献梳理和知识再生产；实体研究型研究报告主要针对具体的社会实体（如社会组织、企业）或特定空间领域（如国家、省区市）进行实地调查，分析问题、找出规律、探寻趋势，并提出相关对策建议。

1.1.2 智库报告

智库报告是指由专业智库撰写，基于公共事务领域，对政治、经济、外交、国防、科技、社会等宏观问题或微观问题进行专题研究，旨在为决策机构估计形势、确定目标、制定政策提供建设性的决策依据和行动建议的研究性文献。

1.1.3 白皮书

按照第六版《辞海》的定义，白皮书是“一国政府或议会正式发表的、封面为白色的重要文件或报告书”。

一国的官方文书使用何种颜色的封面并无严格的规定，往往是一种习惯或约定俗成。有些国家的这类文书用其他颜色，蓝色的叫蓝皮书（如英国），红色的叫红皮书（如西班牙），黄色的叫黄皮书（如法国），绿色的叫绿皮书（如意大利）。

在我国，白皮书为官方专用。第一部政府白皮书于 1991 年发布。2005 年 5 月至 2020 年 6 月，中国已发布了 129 部白皮书[①]。作为一种官方文件，白皮书代表政府立场，要求事实清楚、立场明确、行文规范、文字简练。

1.1.4 皮书

所谓“皮书”，特指 20 世纪末以来由中国社会科学院所属社会科学文献出版社出版的蓝皮书、绿皮书、黄皮书等的简称。

本手册将其定义为：对中国与世界发展状况和热点问题进行年度监测，以专业的角度、专家的视野和实证研究方法，针对某一领域或区域现状与发展态势展开分析和预测，具备原创性、实证性、专业性、连续性、前沿性、时效性等特点的公开出版物，由一系列权威研究报告组成。

皮书是智库报告的主要形式之一，是同一主题或同一机构（团队）智库报告的聚合。

1.1.4.1 皮书系列

宽泛地说，皮书系列是社会科学文献出版社编辑出版的蓝皮书、绿皮书、黄皮书等年度专题研究报告的统称。具体到某一研创机构，其编写的多种皮书（通常是同一皮书名称）在习惯上也被称为该研创机构的皮书系列，如中国社会

① 数据来源于中华人民共和国中央人民政府网站，http://sousuo. gov. cn/column/30214/0. htm，最后访问日期：2020 年 9 月 4 日。

科学院金融研究所的“金融蓝皮书系列”，河南省社会科学院的“河南蓝皮书系列”。

1.1.4.2 蓝皮书、绿皮书、黄皮书

皮书按封面颜色划分为蓝皮书、绿皮书、黄皮书。蓝皮书是社会科学文献出版社皮书的主体，因此“蓝皮书”常常可以用来指代“皮书”。

1.2 皮书的特征

1.2.1 原创性

皮书原创性体现在两个方面：第一，数据资料的原创性，皮书是以研创者通过实地调研获得的第一手数据资料作为分析的基础数据；第二，运用科学、实证的研究方法对数据资料进行分析，得出原创性的结论或对策建议。此外，皮书的原创性还表现在书中各篇研究报告都是原创并在皮书中首发。

1.2.2 实证性

皮书研创是一种经验研究，强调实证性，即通过对研究对象进行大量的观察、实验和调查获取客观数据，并对客观数据采用统计、评价评级、模型预测与分析等实证研究方法进行进一步研究，得出客观的结论或对策建议。皮书报告数据翔实，通过社会调查、评价评级、模型预测与分析、大数据等实证研究方法对所研究问题进行分析得出的结论更具有可信度。

1.2.3　专业性

皮书专业性主要指研创主体的专业性和研创行为过程的专业性。皮书的主编和作者是在所涉专业和研究领域有较大影响力和一定知名度的专家学者；皮书的研究和写作，不同于学术论文、专著和理论文章、通俗读物的写作，它是在学术积淀基础上的应用对策类研创、写作等专业活动。

1.2.4　连续性

皮书连续性体现在其以年度为时间单元持续关注所研究领域的某一问题，并进行科学的理论与实践研究，进而形成持续的研究成果。皮书报告为“筑路式”研究，每年（或每两年）针对同一领域、门类、地域发布研究成果。

1.2.5　前沿性

皮书前沿性体现在两个方面：一是在理论探讨上应反映学术前沿问题，并能通过现有数据分析推断该研究领域的发展趋势；二是在解释现实问题时，皮书应关注现实生活中的热点、重点问题，致力于解决政府、媒体、公众关注的问题，回应社会关切。

1.2.6　时效性

皮书时效性体现在三个方面。一是皮书报告使用的数据资料是最新的。利用最新的数据资料进行分析，能够准确地反映研究领域的最新动态。二是出版时间要慎重选择。例如，有的皮书在年底出版，可利用前三季度的数据，对第四季度、当年及下一年度进行数据预测。但皮书的出版时间选择一定要从市场的角度特别是从使用者的角度考虑。多年经验表明，年度预测类皮书的最佳出版时间是每年的 11 月至次年的 3 月。三是发布时间要适时。皮书的最佳发布时间是两会前后。特殊的如行业类皮书，应在该行业年会、全行业重要的论坛召开时发布；国际问题类皮书可选择外交领域重要时点进行发布。

1.3 皮书的功能

1.3.1 决策参考

皮书以专业的视角对某一领域进行分析预测，体现与代表的是专家的第三方观点，是中央及地方政府部门、相关企事业单位、社会组织乃至个人行为的决策参考。

1.3.2 政策先声

皮书是掌握话语权的载体。当政府或有关部门准备出台某项政策时，可以通过发布皮书试探社会对其的反应；也可通过皮书出版发布有关内容，提前营造积极的舆论氛围。

1.3.3 投资指南

皮书课题组通过调研，对国内外宏观环境、政府政策导向、市场发展趋势等问题进行科学解析和预测，其报告能够为商业机构、咨询公司提供有价值的基础数据和资料。

1.3.4 话语平台

皮书已成为获取话语权的重要平台。从国内来看，皮书本身浓缩了国内外经济、社会、文化等领域的大量信息，需要通过平面媒体和网络媒体进行话语转换，即实现从学术话语向大众话语的转换，继而影响决策层，转换为官方话语；同时，媒体可从皮书中获取大量的新闻素材和内容，并通过皮书这一内容载体，与各领域专家和社会公众进行对话，有利于壮大主流舆论、凝聚社会共识，从而引导科学、理性的社会舆论氛围。从国际上看，皮书也是国际社会了解中国的重要窗口，是提升中国对外传播能力和国际影响力、建立对外话语体系、实现公共外交功能的重要工具。

1.3.5 学术研究基础资料库

皮书数据的原创性及持续性的积累，能够为深入研究提供基础的数据资源。因此，皮书可以作为获取研究数据的重要工具。随着时间的推移，皮书作为连续性出版物的价值将越来越高，而皮书数据库也将成为研究当代中国最重要的基础数据库之一。

1.3.6 社会服务智力库

广义的社会服务，可以概括为：为提高社会成员生活福利而提供的各类服务，包括物质性服务和精神性服务。皮书关注社会的先天特性决定了其关注社会问题的解决、社会矛盾的缓和、社会生活方式的改善等重要议题，能够为社会组织等社会服务专业机构提供智力支持。

1.4 皮书类别

1.4.1 按封面颜色分类

按照封面颜色分类，是皮书最传统的分类法。如前文所述，可分为蓝皮书、绿皮书、黄皮书。不同封面颜色的皮书，研究领域不同。

1.4.1.1 蓝皮书

以经济、区域、行业、社会相关领域等为主题的皮书，其数量占到总体的90%以上，是皮书的主体。

代表皮书：经济蓝皮书、京津冀蓝皮书、国际城市蓝皮书、房地产蓝皮书、公共服务蓝皮书、青年蓝皮书等。

1.4.1.2 绿皮书

与生态、环境、农村、旅游等可持续发展主题相关的皮书，约占总数的7%。

代表皮书：气候变化绿皮书、农村绿皮书、旅游绿皮书、环境绿皮书、中小城市绿皮书等。

1.4.1.3 黄皮书

以国际政治、经济等问题为主题的皮书，在总量中约占3%。

代表皮书：世界经济黄皮书、国际形势黄皮书、拉美黄皮书、G20国家创新竞争力黄皮书等。

1.4.2 按空间领域分类

皮书的研究领域从空间上看，既有立足全球关注他国动态的国际视野，也有立足中国解析区域发展的地方关怀。具体分为全球与地区（国家）类、全国与省区市类、城市与农村类。

1.4.2.1 全球与地区（国家）类

研究领域：全球及主要国家、地区的经济、社会、文化等。

代表皮书：国际形势黄皮书、日本经济蓝皮书、美国蓝皮书、俄罗斯黄皮书、非洲黄皮书等。

1.4.2.2 全国与省区市类

研究领域：中国及各省区市的经济、社会、文化、产业等。

代表皮书：西部蓝皮书、区域蓝皮书、河南蓝皮书、上海蓝皮书、温州蓝皮书、深圳蓝皮书等。

1.4.2.3 城市与农村类

研究领域：中国及世界城市、农村经济社会发展现状。

代表皮书：城市蓝皮书、国际城市蓝皮书、中小城市绿皮书、农村绿皮书等。

1.4.3 按研究内容分类

按照研究内容的不同领域，皮书被分成了六大类。这六种分类也是建立不同评价体系的基础。

1.4.3.1 经济类

研究领域：宏观经济、区域经济、城市经济、产业经济、部门经济等。

代表皮书：经济蓝皮书、中国省域竞争力蓝皮书、农村绿皮书、工业化蓝皮书、产业蓝皮书、城市蓝皮书、西部蓝皮书等。

1.4.3.2 社会政法类

研究领域：与社会、政治、法治密切联系的特定领域。

代表皮书：社会蓝皮书、法治蓝皮书、反腐倡廉蓝皮书、人权蓝皮书、老龄蓝皮书、社会心态蓝皮书、教育蓝皮书等。

1.4.3.3 文化传媒类

研究领域：与文化传媒相关的特定领域。

代表皮书：文化蓝皮书、传媒蓝皮书、新媒体蓝皮书、舆情蓝皮书、纪录片蓝皮书等。

1.4.3.4 地方发展类

研究领域：中国地方经济、社会、文化、产业等相关领域。

代表皮书：北京蓝皮书、上海蓝皮书、陕西蓝皮书、河南蓝皮书、温州蓝皮书、广州蓝皮书、澳门蓝皮书等。

1.4.3.5 行业报告类

研究领域：重点行业、新兴行业等国民经济相关产业。

代表皮书：医院蓝皮书、旅游绿皮书、汽车蓝皮书、测绘地理信息蓝皮书、互联网金融蓝皮书等。

1.4.3.6　国别区域与全球治理类

研究领域：全球及主要国家、地区的经济、社会、文化等相关领域。

代表皮书：国际形势黄皮书、美国蓝皮书、日本蓝皮书、拉美黄皮书、欧洲蓝皮书等。

1.4.4　按研究功能分类

作为智库成果，皮书既可以建立模型、描述现状，也可以探索规律、预测未来。

1.4.4.1　发展报告型

侧重对某一领域或区域发展现状的描述。

代表皮书:《北京蓝皮书：北京公共服务发展报告》《移动互联网蓝皮书：中国移动互联网发展报告》《国家创新蓝皮书：中国创新发展报告》《青年蓝皮书：中国青年发展报告》等。

1.4.4.2　分析预测型

在对某一领域或区域发展现状分析的基础上，侧重对研究对象未来发展趋势的预测。凡分析预测类皮书，每年应对上一年度做出的预测给一个回溯性分析。

代表皮书:《经济蓝皮书：中国经济形势分析与预测》《社会蓝皮书：中国社会形势分析与预测》《旅游绿皮书：中国旅游发展分析与预测》《河南蓝皮书：河南社会形势分析与预测》等。

1.4.4.3　评价（评估）型

利用数据模型、评价指标体系分析某一领域的发展现状，并揭示其特征。

代表皮书:《中国省域竞争力蓝皮书：中国省域经济综合竞争力发展报告》

《公共服务蓝皮书：中国城市基本公共服务力评价》《文化蓝皮书：中国文化消费需求景气评价报告》等。

1.4.4.4　研究报告型

利用科学的研究方法针对某一领域的某一主题进行实证研究，并通过年度性的持续分析发现规律、提供有价值的智库观点。研究报告型皮书应与研究报告类论文集作出严格区分，报告应体现时效性、年度性。

代表皮书:《社会心态蓝皮书：中国社会心态研究报告》《日本经济蓝皮书：日本经济与中日经贸关系研究报告》《北京人口蓝皮书：北京人口发展研究报告》等。

1.5 要点概述

皮书从研创到编辑出版、评价推广，已经形成一整套相对成熟的操作方案，本手册余下的内容将从这几个方面详细介绍皮书研创、编辑出版、评价推广的通行规则，本部分先简要介绍相关的重要节点内容。

1.5.1　皮书研创

皮书研创是指皮书的研究、创作（编写/撰写）活动，需要具备时间、团队、空间、数据四要素。所谓时间，是指皮书作为资讯类产品，要求其报告内容具备时效性和研究的持续性；所谓团队，是指为保证皮书的专业性，皮书研创应建立起一个研究领域内最强研究力量组成的研究团队；所谓空间，是指皮书都必须有明确的研究领域及地域；所谓数据，是指皮书研创应建立原创的数据来源、数据库。

1.5.2　皮书规范

皮书写作需要遵循特定的规范。本手册中列出了皮书研创规范（参见第二部分）、皮书编辑出版规范（含具体技术规范，参见第三部分），以供皮书研创者参考遵循。

1.5.3　皮书编辑

皮书编辑工作是专业的编辑活动。本手册中列出了皮书责任编辑任职资格、工作内容、方法、流程（参见第三部分），可供皮书编辑参考遵循。

1.5.4　皮书发布与推广

皮书是面向媒体、面向公众的资讯类产品。加大皮书的推广力度，有利于进一步发挥社会科学研究成果在深化改革、促进社会发展中的作用；有利于培育智库平台，进一步实现社会科学成果的价值最大化。皮书主编（课题组）与出版社均应重视皮书的推广，尤其是发布会的组织策划，应像皮书的研创、出版一样，制订皮书的推广计划（参见第四部分）。

1.5.5　皮书相关法律规范、权利责任与版权管理

皮书作为正式出版物，其研创与出版须严格遵守出版及相关领域同行的法律法规（参见第五部分）。

1.5.6 皮书评价与评奖

皮书评价是运用一整套主客观指标体系对皮书的内容质量、社会影响力等方面进行定量评价和定性评价，是保证皮书质量提升及可持续发展的重要方式，是对社会科学成果评价的积极探索。本手册介绍了皮书评价的指标体系、评价方法、评价主体，以及评奖结果的使用（参见第六部分）。

1.5.7 皮书数字化发展

皮书数字化是皮书生命力和影响力在互联网、大数据时代的拓展和延伸。2003 年以来，为更好地满足用户日趋数字化、移动化的阅读和研究需求，实现皮书价值增值，打造互联网、大数据时代的皮书影响力，社会科学文献出版社以“皮书系列”为基础，借力不断发展的信息技术，全力打造世界领先的智库成果整合发布与知识服务平台，形成以皮书数据库为核心，中国皮书网、皮书电子书、皮书音视频共同服务于用户的皮书数字化业务格局（参见第七部分）。

1.5.8 皮书国际化发展

皮书系列中十多种品牌持续（合计 232 部）以英文、俄文等多语种的形式出版，实现了中国学术“走出去”，为智库提升国际影响力提供了平台。荷兰 Brill 学术出版社专门以“CASS Yearbook”为丛书名，自 2007 年开始每年出版多种英文版皮书，扩大了中国智库在海外的学术影响力。同时，多位皮书主编在国际大型书展发声、演讲，实现了与国际学术界的对话与交流（参见第八部分）。

SSAP

手册系列

Ⅱ

皮书手册

第二部分

皮书研创规范

2.1 皮书研创前的准备

2.1.1　皮书策划

皮书出版实施目录管理，进入目录的皮书方能出版。

新皮书的策划主要有两种情况。一种是出版社编辑策划选题后，约请合适的主编团队研创；另一种是由重要学者或机构发起策划。策划一本新的皮书之前，皮书主编应了解皮书的特性和基本要求，与出版社共同确定选题的可行性。皮书主编应组织召开选题会，确定内容框架、研究团队等，并向出版社提交准入申请。

对于皮书目录中的已有皮书，各皮书课题组在岁末年初或皮书固定的出版时间至少 8 个月前，应召开当年度皮书选题会，确定本皮书的年度主题、目录框架以及总报告的提纲，并提交“皮书出版反馈单”（见附 2.1），由出版社评审。

2.1.2　皮书准入

新皮书项目在进入出版社选题论证前，应参加同行评审，即进行皮书准入评审。主编单位填写“皮书准入申请表”（见附 2.2），皮书编辑对申请表中的内容进行把关，审核通过后，提交皮书准入申请，上传准入材料。“皮书准入申请表”由同行专家组成的皮书编辑委员会评审后，再提交出版社编辑委员会论证，审议通过后可申报皮书选题。

皮书准入环节有通过、暂缓、否决三种结果。准入通过的，方可进入出版社选题论证环节。

准入时暂缓的选题，应按照评审专家的意见逐条作出修改说明，可再次提交准入申请。

准入时否决的选题，一般不接受再次申报，作者可以选择以一般图书、其他智库报告等形式出版。

皮书编辑应及时将评审结果反馈给课题组，指导皮书课题组根据专家的意见修改准入材料。

2.1.3　皮书报告投约稿

皮书作者可以根据自己的研究方向或研究领域，关注相关选题的皮书课题组动态，如约稿函、出版时间等，可以向皮书课题组投稿，也可以通过皮书投约稿平台投稿，与皮书课题组或者出版社建立联系，参与到皮书的研创中。

无论是新准入的皮书还是出版多年的已有皮书，组织皮书研创前，其目录均应通过皮书编辑审定。

2.2
研创基础

2.2.1　研究领域

研究领域一般指研究课题所涉及的学术领域或实践领域，或者说课题所研究的对象范围。

皮书的研究领域主要按照社会科学的研究范畴进行分类，如宏观经济、社会形势、教育发展等，也可以根据经济社会发展中的现实问题聚焦于某一个群体、某一个产业或某一个实践领域开展研究，如女性生活、京津冀协同发展、“一带一路”城市网络等。

2.2.2　研究主题

研究主题是指研究的主要问题，是研究领域的进一步集中。

皮书的研究主题是指在确定全书的研究领域和研究对象之后，全书各个报告尤其是总报告所确定研究的问题。

2.2.3　研究方法

研究方法是指在研究中发现新现象、新事物或提出新理论、新观点，揭示事物内在规律的工具和手段，一般包括文献研究法、调查法、观察法、实验法、实证研究法、定量分析法、定性分析法、个案研究法、比较研究法等。

皮书研创主要使用实证的研究方法（文本写作主要使用归纳法），适当使用文献分析方法、历史比较分析方法和逻辑思辨方法等。实证研究方法又分为定量研究和定性研究的方法，定量研究方法如数理统计、社会调查、内容分析、模型分析与预测、控制实验等，定性研究方法如深度访谈、焦点小组、民族志/田野调查等。随着计算机技术和互联网的发展，大数据挖掘与分析已逐步成为社会科学研究的一种新的方法和手段。

2.2.4　数据来源

2.2.4.1　数据

皮书以定量研究为主，主要通过对数据的获取、分析得出结论，数据是皮书的基本元素。

皮书数据来源应可靠，最好使用一手数据。使用一手数据也是皮书质量和价值的重要体现和保证，皮书研创应多使用拥有自主知识产权的一手数据，并在皮书研创的基础上构建基础数据库和成果数据库。

通过统计分析、评价指标体系及模型分析与预测所得到的数据和结果应真实、可信。

随着计算机技术和网络技术的发展，大数据对人文社会科学研究产生了深刻的影响，皮书研创可使用大数据开展相关研究。

2.2.4.2　一手数据

一手数据，也称为原始数据，是指通过问卷调查、访谈、实验、测定等方式获得的数据。

2.2.5　内容重复率

内容重复率是指皮书正文中引用政府公文、媒体报道、他人学术成果、作者本人已公开发表的学术成果的字数占该报告总字数的比例。

皮书内容重复率检测使用学术文献检测系统（CNKI）完成，首次检测按照核心期刊的标准（低于15%）执行。

皮书内容重复率检测采取两次检测的方式：编前检测和印后检测。第一次是编前检测，如书稿达不到标准，则不能进入编辑流程，先退回作者修改；第二次是印后检测，印后检测的结果作为皮书评价中“内容重复率”指标的评分依据。

2.2.6　学术伦理

皮书研创应遵守学术伦理，学术伦理是皮书撰写者应该遵守的基本学术道德规范和行为规范，以及从事学术活动中应承担的社会责任。

违背学术伦理的行为既包括利用学术权力获取不正当利益的学术腐败及违反学术准则以抄袭、伪造、篡改等作弊形式获取利益的学术不端，也包括数据、文献引用和注释不足或不全等造成的学术失范，还包括研究领域、研究对象及研究成果对社会或某一群体可能造成伤害的科研行为，如克隆技术引发的伦理问题等。

2.3 研创主体

皮书的研创主体是指皮书的创作者、资助者，包括研创机构（主编单位和资助单位），也包括编委会成员、主编、副主编、课题组成员以及皮书报告的撰写者和署名人。

2.3.1　研创机构

皮书的研创机构是指皮书研创的发起单位、组织单位或资助单位。研创机构可以是一家，也可以是多家（一般以不超过3家为宜），可在封面上署名，也可不署名。

皮书一般是集体劳动的成果。皮书的研创一般由一个或多个单位的业务领导或学术带头人牵头，以本单位（高校、研究院所、中心）部分科研人员为基础，整合本学科、本领域的知名专家共同完成。

2.3.2　编委会

皮书研创应组建编委会或课题组，编委会一般是皮书研创的学术指导机构，编委会主任一般由有学术声望或社会声望的专家学者担任，编委会主任可担任主编，也可不担任主编。如果不具备条件，也可不设立编委会，但须设立课题组。

2.3.3　课题组

课题组是皮书研创的具体落实者和执行者，研创皮书必须组建对本项目进行持续研究的课题组，具体落实皮书总报告和重要报告的研究和撰写以及全书的研究组织和协调工作。课题组组长是皮书研创的实际负责人，一般担任主编或副主编，课题组主要成员应相对固定。

2.3.4 主编

皮书主编是皮书研创的第一责任人，皮书主编拥有与本皮书相关的权利和义务，也应具备相应的任职条件。

2.3.4.1 主编任职条件

（1）皮书主编应具备较高的政治素质和理论水平，具备较强的科研能力和组织领导能力，是本皮书所涉专业和研究领域有较大影响力和较高知名度的专家学者，能够带领和指导皮书课题组开展皮书的研创工作。

（2）皮书主编应有切实承担统领皮书研创工作的时间、精力之保证。

（3）皮书主编可由多人担任，但原则上不超过 3 人。多人共同担任主编，应明确责任分工。

2.3.4.2 主编的权利和义务

2.3.4.2.1 权利

（1）皮书主编有权代表皮书课题组与出版社签订出版合同，享有相关法律与合同规定的权利。

（2）皮书主编有确定年度研创主题、组建研创队伍的权利。

（3）皮书主编在皮书发布会召开后，有权代表皮书课题组接受媒体采访、代表课题组深入解读皮书成果。

（4）皮书主编对皮书发布会的新闻稿件有最终审定权。

（5）为了扩大皮书的国际影响，实现“走出去”战略，在海外出版合作、推广发行等方面，皮书主编有要求出版社给予支持和配合的权利。

（6）在征得出版社同意的前提下，皮书主编可以合理利用皮书品牌进行研究经费筹集、研究课题申报等工作。

2.3.4.2.2　义务

（1）皮书主编应坚持实事求是的科学精神和严谨的学术规范，贯彻“百花齐放、百家争鸣”的方针，本着高度负责的精神开展皮书的研创、出版等工作。

（2）皮书主编应负责统稿、审核工作，应对皮书的总报告负全责，对本皮书所收录研究报告负有把关的责任，对皮书所涉及的社会热点问题、敏感问题，对可能引起舆论炒作、易带来负面影响的研究成果加以重点关注，避免产生不良后果。

（3）皮书主编应就皮书的字数、出版时间、交稿时间与出版社进行商议，达成共识后应严格遵守并予以把关。

（4）皮书主编应参与或安排课题组主要成员参与皮书发布事宜，皮书主编应保证不在皮书发布会召开之前对媒体公布皮书的主要研究成果。

（5）皮书主编应亲自或委派课题组主要成员或主要联络人参加每年由出版社组织召开的皮书年会，就皮书编写、出版工作进行研讨。

2.3.5　作者

皮书作者既包括主编、副主编，皮书报告的撰写者和署名人，也包括课题组成员。皮书作者对所撰写的皮书报告的政治导向与学术导向、数据来源、研究方法与结论以及主要观点负责。

皮书封面署名中，主编人数不宜超过 3 人，副主编人数不宜超过 5 人；皮书报告作者署名为机构的，应注明执笔人；皮书报告作者超过 2 人的，应注明每位作者的贡献，单篇报告作者数量以不超过 5 人为宜。

2.3.6 主要编撰者简介和作者简介

主要编撰者是指实际参与了皮书全书的创作、对本皮书的研创发挥了重要的学术指导和协调作用的皮书主编、副主编和课题组负责人。主要编撰者简介的基本信息包括姓名、单位、职务、职称、学术经历、主要社会兼职、主要研究方向、与本皮书相关的主要研究成果等。主要编撰者一般为 2~5 人，每位编撰者简介字数一般不超过 300 字。

作者简介一般是指每篇报告的作者简介，以星号“*”题注的形式放在报告首页下。作者简介的基本信息相对简略，但应包括姓名、学历、单位、职务、职称、主要研究方向等，一般在 100 字以内，且全书格式体例一致。署名为“……课题组”的，应注明课题组成员和执笔人。执笔人简介的基本信息也应包括姓名、学历等。

主要编撰者简介示例：

主要编撰者简介

李培林 博士，研究员，全国人民代表大会社会建设委员会副主任委员，中国社会科学院原副院长、学部委员，俄罗斯科学院外籍院士。主要研究领域：发展社会学、组织社会学、工业社会学。主要研究成果:《村落的终结》(专著)、《社会结构转型——中国经济体制改革的社会学分析》(专著)、《和谐社会十讲》(专著)、《另一只看不见的手——社会结构转型》(专著)、《转型中的中国企业：国有企业组织创新论》(合著)、《新社会结构的生长点》(合著)、《社会冲突与阶级意识——当代中国社会矛盾问题研究》（合著）、《国有企业社会成本分析》（合著）、《中国社会发展报告》（主编）、《中国新时期阶级阶层报告》（主编）等。

（摘自李培林、陈光金、张翼主编《社会蓝皮书：2020 年中国社会形势分析与预测》，社会科学文献出版社，2020）

作者简介示例：

* 张宇燕，经济学博士，中国社会科学院世界经济与政治研究所研究员、所长，博士研究生导师，主要研究领域为制度经济学、国际政治经济学等。

（摘自张宇燕主编《国际形势黄皮书：全球政治与安全报告（2020）》，社会科学文献出版社，2020）

2.4 皮书名称

2.4.1 丛书名

皮书名称由两部分组成：丛书名和书名。

丛书名是一种或几种研究领域相似、主题相近的皮书固定、专用的称谓。丛书名所涵盖的范围应宽于书名所体现的研究范畴，且丛书名表述时更简略。一个丛书名一般对应一个书名，如《社会蓝皮书：2020 年中国社会形势分析与预测》，也可对应多个书名，如《汽车蓝皮书：中国汽车产业发展报告（2020）》《汽车蓝皮书：中国汽车品牌发展报告（2020）》，《北京蓝皮书：北京社会发展报告（2019~2020）》《北京蓝皮书：北京经济发展报告（2019~2020）》。

2.4.2　书名

皮书的书名一般包括时间（年份）、序号、空间区域、研究主题等，主要有四种表述方式：一是“形势分析与预测”，二是“发展（或调查）报告”，三是“评价（评估）报告”，四是“研究报告”。如《2020年中国经济形势分析与预测》《中国法治发展报告No.18（2020）》《中国企业品牌价值评价报告（2019~2020）》《北京党的建设研究报告（2020）》。

2.4.3　篇章架构与目录

皮书一般由20多篇围绕一个或多个主题而展开的研究报告组成，不同主题、不同类别的研究报告组成不同的篇。皮书一般分为3~6篇，每篇由3~5个主题相近、类别相似的报告组成。

皮书篇章架构的分类与设置应围绕全书研究领域和研究主题展开，避免“篇”不对“题”（书名），各篇之间应有相对比较清晰、严谨的区分，篇中的各个研究报告应与篇名所反映的主题一致，避免不同主题、不同性质的研究报告归入一个篇，也不应把主题相近的皮书报告归入不同的篇。

皮书篇章架构可以“总报告—分报告—专题篇—案例篇”的方式展开，也可以“总报告—行业篇—区域篇—中外比较篇”等方式展开。皮书一般不使用章节体。

皮书的目录由总报告名（含一级标题）、篇名、报告名、作者姓名，以及相应的页码组成。为便于海外读者阅读和使用，皮书除中文目录外，还应有英文目录。同时，还建议有图表目录。

2.4.4　篇名

皮书的篇名应简明扼要，篇名所反映的研究主题和研究范畴应从属于书名。

篇名应是本皮书所研究领域的社会热点和重点问题的简要表述，或者使用本研究领域规范的学术名词，应避免出现“理论篇”“研究篇”“实践篇”这样的篇名。以中国及所属地区为研究范围的皮书不宜使用“国际篇”“境外篇”这样的篇名（可使用“国际借鉴篇”“中外比较篇”）。

篇名不可过长，以不超过 5 个字为宜。

2.4.5　全书摘要

皮书摘要以提供皮书报告的主要观点和判断为目的，不加评论和补充解释，简明、确切地记述皮书报告的重要内容。其基本要素包括研究目的、研究方法、研究结果和研究结论，应明确研究结果和研究结论，应尽量避免对于报告或全书结构的介绍，尽量避免采用图、表、化学结构式、非公知公用的符号和术语等。

全书中文摘要一般以 1000 字左右为宜，放在中文目录前。英文摘要统一放在书后，中英文摘要内容要基本一致。

2.4.6　全书关键词

皮书作为智库成果，其报告的关键词对于智库报告的科学归类、便捷检索有着重要的意义。准确的关键词不仅能够鲜明而直观地表达皮书研究报告表述的主题，使读者在未看皮书的摘要和正文之前，便能明确皮书研究的主题，同时能够便于报告的查阅、检索和利用。

关键词应将研究报告的主题概念表达全面，不仅要在研究报告的题名和摘要中抽取，还应分析出研究报告所包含的隐含概念，使选取的关键词能全面地反映研究报告的整体内容。皮书关键词分为全书关键词和单篇报告关键词。皮书关键词建议最多不超过 8 个，最少不低于 3 个。关键词之间用一个字符的“空格”隔开，置于摘要内容下方。

关键词选取要注意以下几种情况:

——避免使用词义宽泛的“通用词”。一些不具有学科性质的通用词语，如理论、报告、方法、问题、对策、措施、特点、发展、研究、思考等，上述词语往往运用于不同学科、不同领域，所指示的对象也千差万别，缺乏专指度和唯一性，所以不能选为关键词。

——同义词和近义词不能并列为关键词，应选择比较通用的词；反义词和否定词不能作为关键词，一般选用正面的、肯定的词作为关键词。

——关键词不能用短句或词组。如“强化金融监管”是句子结构，不能直接用作关键词。

2.5
皮书报告

2.5.1　总报告

皮书总报告为皮书必备要素，也是呈现本皮书主要观点、体现皮书主要价值的首要报告。

皮书总报告一般由本皮书课题组成员共同参与，由主编或课题组主要负责人或主要参与者执笔完成。

皮书总报告放在皮书正文的最前面，篇幅一般以 1 万 ~2 万字为宜，总报告的一级标题应写在目录里。

皮书总报告可以作为独立的研究成果呈现，也可在全书各个分报告主要研究发现的基础上，综合提炼完成。但总报告绝不是对各个分报告的简单拼接，而是有独立的研究目的、研究内容、研究方法和研究结论。

总报告特别是分析预测类皮书的总报告应对上一年度形势预测的指标数值、主要结论及上一年度皮书总报告的主要观点进行回溯与总结（如下文示例）。

示例：

2019~2020年世界经济形势分析与展望

姚枝仲 *

一　概述

2019年世界GDP增长率按购买力平价（PPP）计算约为3.0%、按市场汇率计算约为2.6%，① 增速比上一年明显下降。2018年世界GDP增长率从2017年的3.8%略微下降到了3.6%，2019年世界GDP增长率继续保持下降趋势，且下降幅度明显扩大。

在上年度报告中，我们预计2019年世界GDP按PPP计算的增长率为3.5%，低于2018年的增长率。国际货币基金组织2018年10月在预估世界GDP当年增长3.7%的情况下，预计2019年世界GDP增长率将维持在3.7%的水平。世界银行等其他国际组织也大都预计2019年世界GDP增长率会与2018年持平或者略有上升。我们是少有的在当时预计2019年世界GDP增长率会下降的机构。国际货币基金组织很快就调整了其对2019年世界GDP增长率的估计。2019年1月，国际货币基金组织在预估2018年世界GDP增长率为3.7%的情况下，将2019年世界GDP增长率预测下调至3.5%，并在2019年4月、7月和10月将2019年世界GDP增长率预测分别下调至3.3%、3.2%和3.0%。从2019年前三个季度的情况来看，世界主要经济体均出现了GDP增速回落的现象，世界经济增速总体上也出现了回落态势。我们在上年度报告中对世界经济下行风险的提示是非常准确的。

---

* 姚枝仲，经济学博士，中国社会科学院世界经济与政治研究所研究员、副所长，博士生导师，主要研究领域为宏观经济学、国际经济学。

① 如无特别说明，本文引用的年度GDP数据来自国际货币基金组织，其中2019年全年的数据为预测数，其他数据均来自Wind。数据发布截止日期为2019年11月20日。

另外，在上年度报告中，我们预测2019年“全年原油平均价格将处于65美元/桶以下”。从目前情况来看，我们对2019年原油价格的预测大体上是正确的。2019年英国布伦特原油和美国西德克萨斯州原油（WTI）月度平均价格曾在4月分别上涨至71.2美元/桶和63.9美元/桶，此后有所回落。截至2019年10月，布伦特原油现货平均价格回落至59.4美元/桶，西德州原油现货价格回落至54.0美元/桶。2019年1月至10月，布伦特、迪拜和西德州三地原油平均价格为61.3美元/桶。

（摘自张宇燕主编《世界经济黄皮书：2020年世界经济形势分析与预测》，社会科学文献出版社，2020）

2.5.2 分报告

分报告是围绕全书主题所开展的更深入、更细致的研究，是对本书所研究领域的各个行业、各个区域、各个专业领域的深入调查、分析和预测，以使读者更全面、更深入地了解和认识所研究的问题。

分报告也可再细分为篇，如经济类皮书中可分为财政金融篇、产业篇、国际贸易篇、投资篇等，社会类皮书中可分为社会阶层篇、社会治理篇等。

2.5.3 专题报告

专题报告是根据当年社会热点或所研究领域的前沿动态，选择一个社会各界所关注的主题，或者课题组归纳的具有年度特点的研究发现，由多个作者从不同侧面对同一主题、同一研究对象所开展的研究。专题报告必须具有“专题性”，避免出现不同主题、不同研究对象的报告拼凑在一起的问题。

2.5.4　技术报告

皮书技术报告是指皮书报告中用于描述报告科学研究的逻辑推理过程、所使用的研究方法、研究结论的代表性，或者科研过程中遇到问题的社会科学研究的专业表述。

凡研究中使用较大规模的社会调查或数据模型、评价评级等研究方法，并以此为主要结论依据的皮书报告（包括总报告、分报告和专题报告），应附技术报告。

技术报告应包括研究背景、研究方法、研究对象、研究目标、研究样本及其代表性、研究过程，或者模型、指标体系、赋权方式等。

技术报告可放在总报告或分报告后，若是对全书内容的解释、说明，技术报告也可作为全书最后一个报告。

2.5.5　单篇报告名称

皮书中单篇报告应具备独立性，报告名应完整、规范，同时，能够提炼出报告的主题，具备可读性，并体现报告的时效性。

皮书报告名称应避免出现以下几种情况。一是标题过长无法明确表达主题内涵；二是理论文章或新闻报道式宣传语言；三是学术论文式标题，不使用“浅析”“浅论”“试论”“关于……的思考”“……概述”等表述；四是政府部门官员讲话式标题；五是与内文的标题重合。

2.5.6　单篇报告摘要

皮书报告的中文摘要一般以300~500字为宜，英文摘要与中文摘要内容要基本一致。皮书报告的摘要应主要包括研究工作的主要对象和范围、采用的主要手段和方法、数据分析或调研中所发现的问题、得出的结果和重要的结论或者所提出的对策建议等。摘要应成为一篇可以直接被引用的完整短文，而不是报告分析框架的概述。

皮书报告的摘要应以第三人称来撰写，不宜出现“我们”“作者”“笔者”这样的人称。

2.5.7 单篇报告关键词

关键词是对研究报告的研究领域、研究主题、核心内容、思想观点、论证方法、主要结论等的提炼和概括，是皮书报告中起关键作用、最能代表皮书报告内容特征的词或词组。

关键词选取应遵循一定的规范和原则，应尽可能选用《汉语主题词表》等专业词表中所提供的规范词；关键词应采用名词或动名词，不能使用形容词、量词、冠词、虚词、介词、连词、代词、副词、感叹词等；一些表示时间的词，如“新时期”“转型期”等，也不宜作为关键词；词义广泛的“通用词”，如“理论”“模型”“研究”“趋势”“预测”“展望”“平台”“体系”等应避免使用。

一篇皮书报告的关键词以 3~5 个为宜。

关键词的排序应清晰、层层深入地反映皮书报告的主题，一般情况下，反映皮书报告的研究目的、对象、范围、方法、过程等内容的关键词在前，反映研究结果、结论、意义等内容的关键词在后。

以地理空间、区域发展为主要内容的皮书报告，应将研究的对象、学科、专业或行业等方面的关键词放在前面，地理区域放在后面，并采用该区域或地名的规范行政名称。

2.5.8 单篇报告引文、注释与参考文献

皮书单篇报告应有规范的引文、注释和参考文献。详细参见本手册 3.6.2。

2.6
附录及其他

2.6.1 大事记

作为对现实问题进行研究的应用对策型研究成果，皮书可收录本领域、本区域、本行业的大事记。

大事记一般以自然年度为单位，数量以不少于 20 条为宜。岁末年初出版的皮书可选择上一年度 12 月至本年度 11 月的大事记。

2.6.2 原稿字数与版面字数

原稿字数是原稿在 Word 格式下所有文字、数字及符号等字符数；图书中一定规格的版心内可容纳的字数，通常称为“版面字数”（图书版权页上标注的字数）。由于正文版面空白及图表等因素，版面字数多于原稿字数，超出幅度一般为 15%~30%。

皮书版面字数以不超过 30 万字（页码不超过 300 页），原稿字数以不超过 25 万字为宜，对少数特定皮书，可根据编写单位的要求定制出版。

附 2.1
皮书出版反馈单

________年版__________蓝皮书出版反馈单

皮书名称			
计划出版日期		选题会召开日期	
课题组出版事务联系人		电话	
2020 年版目录			
总报告执笔人		电话	
总报告提纲			
出版社评审意见			
联系人：______，分社：__________，电话：________，邮箱：______________			

填表说明：皮书出版前 3~8 个月，主编应组织填写本表，当年皮书目录由皮书主编团队与皮书编辑共同审定后，方可组织报告研创工作。

附 2.2
皮书准入申请表

一、图书基本信息

皮书丛书名（中英文）					
首本皮书书名（中英文）					
预计出版时间		出版周期		WORD 字数（万字）	
封面署名			著作权人		
研究领域					
本领域研究现状					
本书选题价值及创新					
全书目录	（注：评审未通过的目录框架，修改后须重新评审；经评审通过的目录框架如有改动，须重新评审）				
总报告内容结构					
研究方法					
主要资料来源					

二、课题组基本信息

主编单位简介（每个机构介绍 500 字以内）							
主要编撰者简介（每人限 300 字以内；须写明主要研究方向及相关研究成果）							
皮书主编及副主编	姓名	单位	职称	职务	联系方式	邮箱	通信地址
课题组联系人及主要成员	姓名	单位	职称	职务	联系方式	邮箱	通信地址

三、皮书的推广

读者对象	
专业分类（学科领域）	
课题组皮书推广计划	

四、编辑部门评审

编辑部门意见	

SSAP

手册系列

II

皮书
手册

第三部分

皮书编辑出版规范

3.1 皮书编辑

3.1.1 责任编辑

皮书责任编辑应具有中级以上职称和责任编辑资格，是按照皮书编辑流程，负责皮书的选题申报、编辑、发稿等过程，利用相关学科专业知识审读稿件的编辑人员。

3.1.1.1 责任编辑资格

皮书责任编辑必须满足以下要求：

（1）具有中级以上职称和责任编辑资格；

（2）具有3年（含）以上编辑工作经验；

（3）经过皮书编辑培训。

3.1.1.2 专业编稿

皮书责任编辑应按“专业化”原则，在本专业的范围内编稿，避免跨专业编辑。

3.1.2 文稿编辑

文稿编辑是在皮书责任编辑的指导和要求下，对皮书原稿中的字、词、句子、标点符号及体例格式等进行修改与加工的人员。

责任编辑可担任文稿编辑。

3.1.3 美术 / 设计编辑

美术编辑是根据皮书发稿信息及封面设计单的要求，按照皮书特有的封面设计版式风格进行皮书美术设计及编辑加工的人员。

3.2 皮书书目管理

皮书书目管理制度是皮书控制数量、提高质量、调整结构的重要举措。根据皮书高质量发展的要求，自 2020 年起，皮书正式启动书目管理制度。

3.2.1 皮书书目实行评审制

社会科学文献出版社通过推动皮书学术共同体的建设，发挥皮书学术委员会的评审功能，依据皮书内容质量评价、社会影响力评价等同行评审与影响力量化指标相结合的综合评价结果公布“皮书书目”。

3.2.2 皮书书目实行动态管理

皮书书目依据皮书评审结果，实施动态管理，每年调整、定期公布。

凡未进入社会科学文献出版社皮书书目的项目，如申报以皮书形式出版、发行、发布的，应履行重新评审流程。

3.3
从原稿到出版

3.3.1　编辑出版流程

3.3.1.1　原稿提交

主编（作者）要向出版社提交“齐、清、定”的原稿终稿。即主编应保证原稿要件齐全、文档字迹及图表清晰、内容已最终确定。主编交稿前可参照“皮书交稿自检表”（见附 3.1）核对稿件。

同时，还应提交所有插图和所有需要的许可证明，以及所有报告通信作者（原则上每个单篇皮书报告都应有至少 1 位通信作者）的个人基本信息及联系方式，以便沟通解决稿件内容存在的问题。

皮书作者应与皮书主编签订“皮书作者原创性声明”（见附 3.2），并将其作为皮书出版合同附件，提交皮书出版机构。

3.3.1.2　原稿预审

为了不断提升皮书的研创质量，扩大皮书的社会影响力，自 2017 年 7 月开始，社会科学文献出版社开始对皮书进行印前预审。预审工作是编辑出版的前提，主要目的是决定稿件取舍，为学术传播把关，提出修改意见，提高稿件质量。

皮书预审是在项目负责人或责任编辑收到皮书书稿后，在发排前，由预审人员（必须为资深皮书编辑、皮书手册的撰写人、资深皮书评价人）对拟出版的书稿从选题、结构、内容、规范、文字等方面进行审读，并给出用稿意见。

皮书主编对皮书原稿的审定应注意以下事项：

（1）皮书要件完备。

皮书全书要件应包括：

丛书名：应与准入通过后一致，如有变化需出具书面意见；

书名：应与准入通过后一致，如有变化需出具书面意见；

编委会（课题组）名单：应放在主要编撰者简介前；

主要编撰者简介：主编、副主编及重要报告作者均可以有简介；

全书中英文摘要：字数在 1000 字左右为宜；

全书中英文关键词：3~8 个，以反映全书研究对象、重要观点、研究方法为宜；

全书中英文目录：正文目录、图表目录（可选）；

资料来源以及参考文献（脚注或文后）：格式应符合皮书手册要求。

皮书单篇报告要件应包括：报告名称、作者简介（职务、职称、工作单位、研究方向等）、单篇报告中英文摘要、单篇报告中英文关键词、资料来源以及参考文献（以脚注或在文后显示）。

（2）全书框架结构合理。

皮书写作框架是否合理，包括研究对象是否明确，全书框架设置与全书研究对象是否匹配，篇章结构是否严谨。

（3）书稿内容。

数据是否可靠，报告整体内容质量是否符合皮书出版要求。

（4）皮书内容重复率。

皮书全书内容重复率的检测结果不超过 15%（地方发展类皮书不超过 20%），单篇报告内容重复率同全书标准要求。建议有条件的课题组自行检测内容重复率，在定稿前促进皮书报告的原创性、首发性。

3.3.1.3　原稿编审

原稿提交前该皮书应已获准列入皮书系列，且已签订出版合同。

皮书稿件出版前必须经过三审三校。作者交稿后，编辑进入审稿环节。稿件通过初审、二审、三审后，方可发稿。一般来说，皮书发稿后，方可安排版式设计相关事宜。

责任编辑在审稿前必须首先对皮书进行“内容重复率”检测。“内容重复率”要求参见本书 2.2.5。此外，附录内容不能超过全书内容的 10%。

3.3.1.4 作者核对

皮书作者应对经过编辑的文稿进行审核，并对编辑提出的问题进行回应、解答或修改。作者在此步骤针对文稿所做的任何修改和调整，都需要明确标注。

3.3.1.5 定稿

文稿编辑对原稿进行最后一次编辑，吸收作者对此前编辑过的文稿进行审核的结果，并依照皮书的要件要求（参见第三部分），对原稿的每一部分进行再次检查，保证其完整、连贯并有正确的标记。

3.3.1.6 排版及审读

原稿确定后，应按照皮书的版式进行排版。排版后，需要皮书编校人员进行 3 次（含）以上审读、校对，对错误和不连贯之处进行检查修改。与此同时，作者也需要对修改过的排版文件进行检查确认。

3.3.1.7 最终修改及印前质检

由文稿编辑对排版稿件进行最后的修改确认。确认后，送编审室进行印前质量检查，要求差错率不得高于万分之零点八。印前质检合格的，方可付印；印前质检不合格的，需要返给文稿编辑重新审读。

3.3.1.8 印前确认审核

在稿件完成所有编辑、修改并通过印前质检后，责任编辑和主编都应进行最后的稿件和封面审核，并应在稿件和封面上签字确认，方可付印。

3.3.1.9　印刷出版

在印刷出版过程中，应尽一切力量消除皮书中的错误或不统一之处（如进行专业的印前技术整理），这一点非常重要。皮书大批量装订前，责任编辑应对样书进行检查，签字确认后，方可大批量装订。

3.3.1.10　皮书发布

皮书付印后，皮书责任编辑、文稿编辑应配合作者、皮书营销编辑筹备皮书发布会，参与皮书发布相关事宜。

3.3.2　编辑出版时间

皮书的编辑出版时间既包括编辑校对所需要的时间，也包括编辑出版流程处理所需要的时间。

一般学术图书的编辑出版时间为 3~6 个月，为了保证皮书的时效性，皮书的编辑出版一般在 60 天以内（原稿质量、体例问题较大的皮书编辑出版需要更长时间）。

作为连续性出版物，皮书出版时间应保持相对固定（前后相差不超过 3 个月）。部分皮书出版时间受官方数据发布时间限制，在所用资料发布时间的基础上，以课题组和出版社确定的合适的出版时间为准，但每年的出版时间应前后不超过 3 个月。

如因特殊情况需要加急的，由研创单位提出书面申请，并承担加急费用。

3.4
皮书著述方式及责任主体署名

皮书是智库报告的聚合，其著述方式、表达方式应遵循智库报告的一般要求。一个好的智库报告，应该采用的著述方式是哪几类？如何突出皮书报告的原创性、实证性、专业性？本文形成如下建议，供参考。

3.4.1 研创

研创，顾名思义为研究、创作。实证性、原创性是皮书内容质量的保证。对于实证性、原创性均较强的皮书报告来说，创作主体无论是机构，还是个人，建议可使用“研创”为著述方式。

3.4.2 主编

对于由多篇报告组成，且作者不同的皮书来说，皮书的著述方式可以为“主编”。担任主编的个人应是皮书研创的第一责任人，应负责皮书整体策划及稿件的审稿。

3.4.3 责任主体

作为智库报告，建议皮书把研创机构作为责任主体放在封面，但机构后应标注“研创”，避免使用“机构 + 主编 / 编 / 编著”的方式。

3.4.4 课题组、编委会

皮书均应成立编委会或课题组，但编委会、课题组在皮书中单独有一页展示，不建议放在封面。

3.4.5　编、编著等方式

编、编著等著述方式建议统一为“主编”或“研创”。

3.4.6　总编、顾问、名誉主编

可继续作为封面信息。

表 3-1　皮书封面著述方式及规范性处理建议

皮书封面著述方式	著述方式界定	规范性处理建议
研创	所有皮书均可使用，强调皮书报告的实证性、原创性	统一采用
主编	部分由多篇报告组成，且作者、研究方法不一致的，强调主编及编委会的编辑、策划、审稿功能	大部分可采用
编著	编写、创作	不再采用，改为“主编”或“研创”
编	整理现有资料、文献	不再采用，改为“主编”或“研创”
著	创作	可采用
主审	强调审稿人的权威性	可采用
编辑	强调编辑、编稿人的权威性	不在封面体现，如需强调，可在课题组页单独列出
策划	强调策划人或机构的权威性	不再采用，改为“主编”或“研创”
数据分析	强调数据分析者的专业性	不在封面体现，如需强调，可在课题组页单独列出
顾问、总编、名誉主编等		确有必要，经与皮书规范管理部门（皮书研究院）协商后可继续采用

表 3-2　皮书封面署名主体及规范性处理建议		
皮书封面署名主体	数量限定	规范性处理建议
个人	主编不超过 3 人；副主编不超过 5 人	建议补充机构（如有）
个人 + 机构	研创机构不超过 3 个	可继续采用
机构	研创机构不超过 3 个	可继续采用
编委会、课题组、编写组等	1 个	不在封面体现，在扉页后单独列出

3.5
皮书的装帧形态

3.5.1　封面

3.5.1.1　封面版式

皮书的封面有统一的设计标准，每年年底会确定下一年的皮书封面设计方案，封面上必须要有丛书名（中英文）、书名（中英文）、版本、序号、作者、社会科学文献出版社（中英文社名及社标）和固定的宣传文字。

（1）中文书名。

由研究主题和年份（或序号 No.×）构成；书名中的年份必须与出版年份一致。

——分析预测类

年份在书名前，即“×× 年 ×× 分析与预测”，如《2020 年中国社会形势分析与预测》。

——发展报告、研究报告类

年份加括号放在文字后，如《中国金融发展报告（2020）》。

——特殊要求

“No.×”这种形式的书名可以不标明年份，如《中国城市发展报告（No.10）》。

（2）英文书名。

已有的皮书书名已经译好审定，其格式分为以下两种。

——分析预测类

如 CHINA’S ECONOMY ANALYSIS AND FORECAST（年份）。

——发展报告、研究报告类

如 ANNUAL REPORT ON CHINA’S URBAN COMPETITIVENESS（年份）。

书脊文字从上到下依次为出版年份、皮书名称。如“2020 社会蓝皮书”“2020 北京蓝皮书 · 社会”。

（3）封面署名。

封面署名可以是研创单位，可以是个人（主编、副主编），但主编一般不超过 3 人，如图 3-1、图 3-2、图 3-3 所示。

图 3-1 封面署名样式 1

图 3-2　封面署名样式 2

图 3-3　封面署名样式 3

（4）封面样式。

图 3-4 和图 3-5 为蓝皮书的两种封面样式。

（5）前勒口。

皮书前勒口主要介绍本皮书系列的品牌故事、起源、宗旨、目标、价值等基本信息（见图 3-6）。字数在 300 字以内。

（6）后勒口。

皮书后勒口包含与本皮书主题或研创单位相关的 10 本推荐书目（按照最新一年的评价排名排序）。此外，附有皮书全品种的二维码（见图 3-7）。

3.5.1.2　封面颜色

由社会科学文献出版社编辑出版的皮书封面有蓝色、绿色、黄色 3 种颜色。

图 3-4　蓝皮书封面样式 1

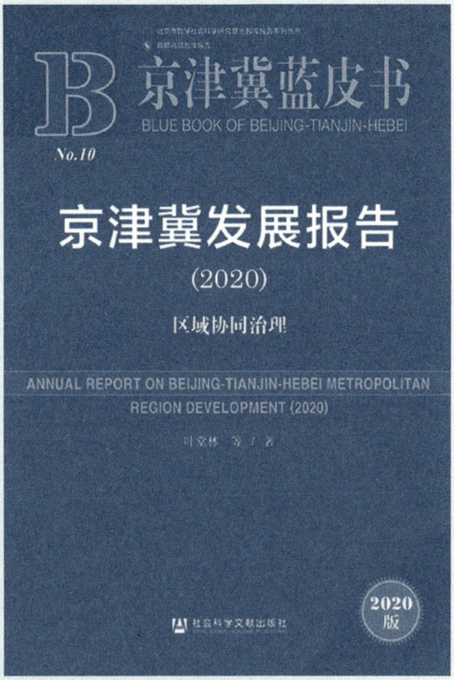

图 3-5　蓝皮书封面样式 2

图 3-6　皮书前勒口样式

图 3-7　皮书后勒口样式

其中，国际问题类皮书封面一般用黄色，如世界经济黄皮书、俄罗斯黄皮书等；与生态、环境、农村、旅游等主题相关的皮书封面一般用绿色，如环境绿皮书、农村绿皮书等。

3.5.2　扉页

皮书扉页应包括中英文丛书名、书名、本书主题（如有）、主要著作权人（主编、副主编或主编单位）、出版社名。凡是中国社会科学院创新工程学术出版资助项目的皮书，应在扉页和封面标示，如图 3-8 所示。凡有年度性主题的，应在扉页和封面标示，如图 3-9 所示。

图 3-8　扉页样式 1

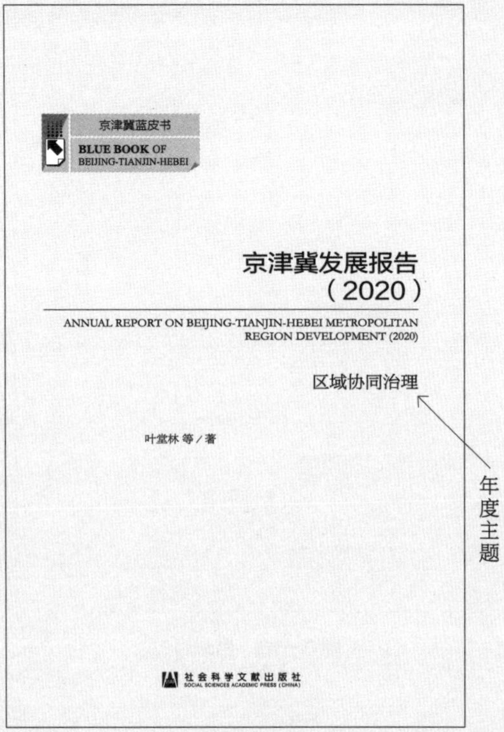

图 3-9　扉页样式 2

3.5.3　目录

皮书目录应包括该书所有篇名、报告名及附录名，总报告中的一级标题上目录（见图 3-10），其他报告的一级标题一般不上目录。中文目录放置于全书中文摘要后，英文目录放置于全书中文内容后。

3.5.4　正文

正文篇章页设计如图 3-11 所示，单篇报告首页设计如图 3-12 所示，每年

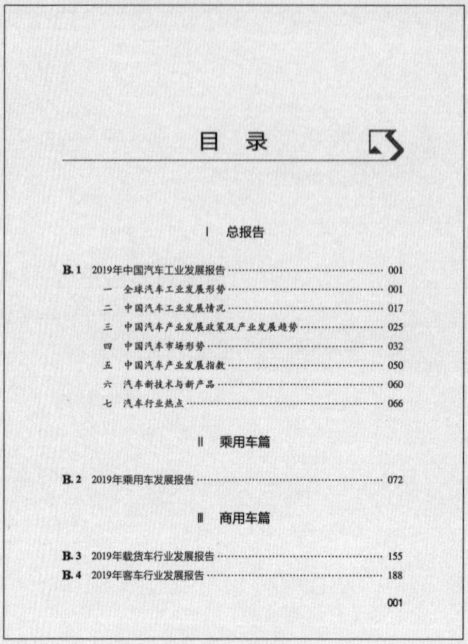

目 录

Ⅰ 总报告

001

图 3-10 目录样式

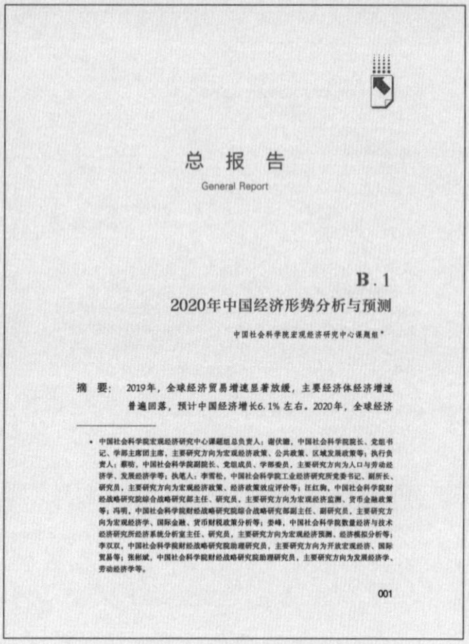

总 报 告
General Report

B.1
2020年中国经济形势分析与预测

中国社会科学院宏观经济研究中心课题组*

摘 要： 2019年，全球经济贸易增速显著放缓，主要经济体经济增速普遍回落，预计中国经济增长6.1%左右。2020年，全球经济

* 中国社会科学院宏观经济研究中心课题组总负责人：谢伏瞻，中国社会科学院院长、党组书记、学部主席团主席，主要研究方向为宏观经济政策、公共政策、区域发展政策等；执行负责人：蔡昉，中国社会科学院副院长、党组成员、学部委员，主要研究方向为人口与劳动经济学、发展经济学等；执笔人：李雪松，中国社会科学院工业经济研究所党委书记、副所长、研究员，主要研究方向为宏观经济政策、经济政策效应评价等；汪红驹，中国社会科学院财经战略研究院综合战略研究部主任、研究员，主要研究方向为宏观经济监测、货币金融政策等；冯明，中国社会科学院财经战略研究院综合战略研究部副主任、副研究员，主要研究方向为宏观经济学、国际金融、货币财税政策分析等；娄峰，中国社会科学院数量经济与技术经济研究所经济系统分析室主任、研究员，主要研究方向为宏观经济预测、经济模拟分析等；李双双，中国社会科学院财经战略研究院助理研究员，主要研究方向为开放宏观经济、国际贸易等；张彬斌，中国社会科学院财经战略研究院助理研究员，主要研究方向为发展经济学、劳动经济学等。

001

图 3-11 篇章页样式

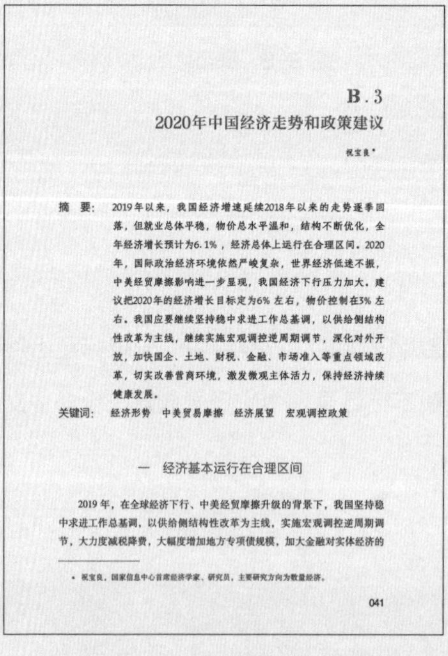

B.3
2020年中国经济走势和政策建议

祝宝良*

摘 要： 2019年以来，我国经济增速延续2018年以来的走势逐季回落，但就业总体平稳，物价总水平温和，结构不断优化，全年经济增长预计为6.1%，经济总体上运行在合理区间。2020年，国际政治经济环境依然严峻复杂，世界经济低迷不振，中美经贸摩擦影响进一步显现，我国经济下行压力加大。建议把2020年的经济增长目标定为6%左右，物价控制在3%左右。我国应要继续坚持稳中求进工作总基调，以供给侧结构性改革为主线，继续实施宏观调控逆周期调节，深化对外开放，加快国企、土地、财税、金融、市场准入等重点领域改革，切实改善营商环境，激发微观主体活力，保持经济持续健康发展。

关键词： 经济形势 中美贸易摩擦 经济展望 宏观调控政策

一 经济基本运行在合理区间

2019年，在全球经济下行、中美经贸摩擦升级的背景下，我国坚持稳中求进工作总基调，以供给侧结构性改革为主线，实施宏观调控逆周期调节，大力度减税降费，大幅度增加地方专项债规模，加大金融对实体经济的

* 祝宝良，国家信息中心首席经济学家、研究员，主要研究方向为数量经济。

041

图 3-12 单篇报告首页样式

版式可作微调。

单页码书眉，用每篇报告名（见图 3-13）；双页码书眉，用皮书名称（见图 3-14）。其中，皮书系列只有一种皮书的，直接用丛书名，如“社会蓝皮书”“人口与劳动绿皮书”，皮书系列中有子系列的，丛书名后应加分隔符并注明子类别，如“北京蓝皮书 · 社会”。

根据篇幅大小，皮书内文版式有正常、缩页、涨页三种形式。

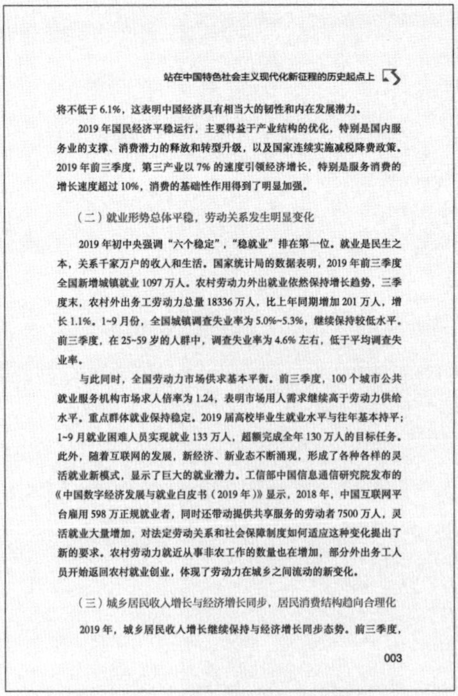

站在中国特色社会主义现代化新征程的历史起点上

将不低于 6.1%，这表明中国经济具有相当大的韧性和内在发展潜力。

2019 年国民经济平稳运行，主要得益于产业结构的优化，特别是国内服务业的支撑、消费潜力的释放和转型升级，以及国家连续实施减税降费政策。2019 年前三季度，第三产业以 7% 的速度引领经济增长，特别是服务消费的增长速度超过 10%，消费的基础性作用得到了明显加强。

（二）就业形势总体平稳，劳动关系发生明显变化

2019 年初中央强调“六个稳定”，“稳就业”排在第一位。就业是民生之本，关系千家万户的收入和生活。国家统计局的数据表明，2019 年前三季度全国新增城镇就业 1097 万人。农村劳动力外出就业依然保持增长趋势，三季度末，农村外出务工劳动力总量 18336 万人，比上年同期增加 201 万人，增长 1.1%。1~9 月份，全国城镇调查失业率为 5.0%~5.3%，继续保持较低水平。前三季度，在 25~59 岁的人群中，调查失业率为 4.6% 左右，低于平均调查失业率。

与此同时，全国劳动力市场供求基本平衡。前三季度，100 个城市公共就业服务机构市场求人倍率为 1.24，表明市场用人需求继续高于劳动力供给水平。重点群体就业保持稳定。2019 届高校毕业生就业水平与往年基本持平；1~9 月就业困难人员实现就业 133 万人，超额完成全年 130 万人的目标任务。此外，随着互联网的发展，新经济、新业态不断涌现，形成了各种各样的灵活就业新模式，显示了巨大的就业潜力。工信部中国信息通信研究院发布的《中国数字经济发展与就业白皮书（2019 年）》显示，2018 年，中国互联网平台雇用 598 万正规就业者，同时还带动提供共享服务的劳动者 7500 万人，灵活就业大量增加，对法定劳动关系和社会保障制度如何适应这种变化提出了新的要求。农村劳动力就近从事非农工作的数量也在增加，部分外出务工人员开始返回农村就业创业，体现了劳动力在城乡之间流动的新变化。

（三）城乡居民收入增长与经济增长同步，居民消费结构趋向合理化

2019 年，城乡居民收入增长继续保持与经济增长同步态势。前三季度，

003

图 3-13　正文单页码书眉样式

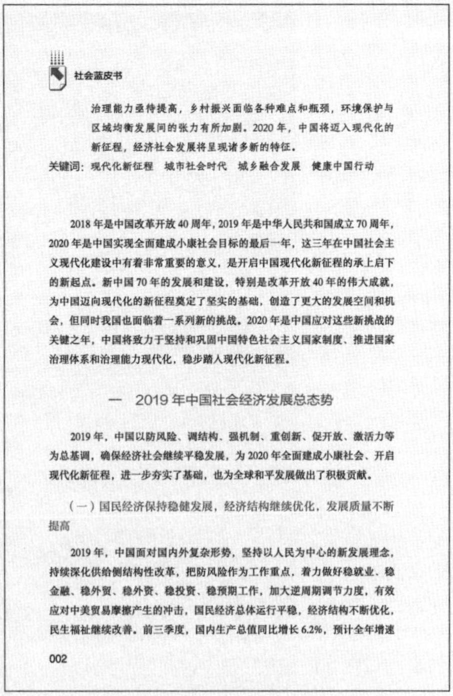

社会蓝皮书

治理能力亟待提高，乡村振兴面临各种难点和瓶颈，环境保护与区域均衡发展间的张力有所加剧。2020 年，中国将迈入现代化的新征程，经济社会发展将呈现诸多新的特征。

关键词：现代化新征程　城市社会时代　城乡融合发展　健康中国行动

2018 年是中国改革开放 40 周年，2019 年是中华人民共和国成立 70 周年，2020 年是中国实现全面建成小康社会目标的最后一年，这三年在中国社会主义现代化建设中有着非常重要的意义，是开启中国现代化新征程的承上启下的新起点。新中国 70 年的发展和建设，特别是改革开放 40 年的伟大成就，为中国迈向现代化的新征程奠定了坚实的基础，创造了更大的发展空间和机会，但同时我国也面临着一系列新的挑战。2020 年是中国应对这些新挑战的关键之年，中国将致力于坚持和巩固中国特色社会主义国家制度、推进国家治理体系和治理能力现代化，稳步踏入现代化新征程。

一　2019 年中国社会经济发展总态势

2019 年，中国以防风险、调结构、强机制、重创新、促开放、激活力等为总基调，确保经济社会继续平稳发展，为 2020 年全面建成小康社会、开启现代化新征程，进一步夯实了基础，也为全球和平发展做出了积极贡献。

（一）国民经济保持稳健发展，经济结构继续优化，发展质量不断提高

2019 年，中国面对国内外复杂形势，坚持以人民为中心的新发展理念，持续深化供给侧结构性改革，把防风险作为工作重点，着力做好稳就业、稳金融、稳外贸、稳外资、稳投资、稳预期工作，加大逆周期调节力度，有效应对中美贸易摩擦产生的冲击，国民经济总体运行平稳，经济结构不断优化，民生福祉继续改善。前三季度，国内生产总值同比增长 6.2%，预计全年增速

002

图 3-14　正文双页码书眉样式

3.5.5　封底

皮书封底应包括皮书系列宣传语、该皮书精彩观点（宣传文字）、皮书序列号、皮书邮发代号（如有）等信息。

封底文字是置于皮书封底的宣传性文字，内容可包括该报告研创团队的介绍、主要研究结论及创新观点，字数一般在 300 字左右，居于封底中部，如图 3-15 所示。

图 3-15　皮书封底样式

3.6 皮书技术规范

3.6.1　体例及用法

3.6.1.1　字、词、句

3.6.1.1.1　字

皮书作为正式出版物，要求使用规范汉字。规范汉字主要是指 2013 年 6 月国务院发布的《通用规范汉字表》中收录的汉字。除特殊情况外，一般不用繁体字、异体字。不得随意制造简化字，也不要使用曾经发布过但后来又被禁用的某些简化字。不使用1965年淘汰的旧字形。在《新华字典》《现代汉语词典》等多种辞书中都附有“新旧字形对照表”，写作时可以作为参考。

3.6.1.1.2 词

根据现代汉语中各类词的特点和用法，皮书编撰中，要注意以下词的用法。

（1）皮书中尽量少使用形容词。

（2）根据各类词的语法特点、词义的侧重点及搭配对象准确使用近义词。

（3）注意正确使用涉台用语、少数民族称呼等问题。

3.6.1.1.3 句

皮书编撰中，多用陈述句表达文义。要注意短语和句子成分，看相应搭配是否恰当；句子是否完整，有无成分残缺；有无多余的字、词、短语；语序是否合理；复句关联词语是否恰当等。

（1）搭配不当。

示例：

提高公众参与的范围和程度。（“提高”和“范围”不搭配。正确：扩大公众参与的范围和提高公众参与的程度）

（2）成分残缺。

示例：

在煤炭的每个环节都存在着严重的环境问题。（缺动词。正确：在利用煤炭的每个环节都存在着严重的环境问题）

（3）成分多余。

示例：

占比全部预算的比重达到66%。（删除第一个“比”。正确：占全部预算的比重达到66%）

（4）关联词使用不恰当。

示例：

无论多么符合全球成员的共同利益，但对国际经济组织的改革会或多或少损害主导国家的影响力。［关联词语不搭配，“无论（不论、不管）……都（也、还）……”是表示无条件关系的关联词，应搭配使用。正确：无论多么符合全球成员的共同利益，对国际经济组织的改革都会或多或少损害主导国家的影响力］

（5）语义重复。

示例：

大约200人左右。（正确：大约200人）

（6）句式杂糅。

示例：

根本原因是政治体制改革未能与经济体制改革同步进行，国有企业长期政企不分造成的。（“根本原因是……”和“是……造成的”保留其一。正确：根本原因是政治体制改革未能与经济体制改革同步进行，国有企业长期政企不分。）

3.6.1.2　标点符号

出版物上标点符号的使用应遵守《标点符号用法》（GB/T 15834-2011）的规定。国家标准《标点符号用法》中共有常用的标点符号17种，分点号和标号两大类。点号7种，标号10种。点号又分句中点号（逗号、顿号、分号、冒号）和句末点号（句号、问号、叹号）。标号包括：引号、括号、破折号、省略号、着重号、连接号、间隔号、书名号、专名号、分隔号。

皮书编撰中，应注意下面四种标点符号的常见用法。

3.6.1.2.1　顿号

（1）相邻的两个数字并列连用表示概数，连用的两个数字之间不得用顿号隔开，不是概数时，数字之间的顿号保留。

示例：

三四十千米

二、三产业

（2）关联词前不用顿号。

示例：

在农村（不加顿号）甚至在偏僻的山区

白天（不加顿号）或者黑夜

3.6.1.2.2　引号

根据《标点符号用法》（GB/T 15834-2011），引号之间如果没有其他成分，之间的顿号可以删除。若有其他成分插在并列的引号之间，宜用顿号。

3.6.1.2.3　书名号

（1）课程、学科、课题、项目名称不用书名号，可用双引号。

（2）篇章名用双引号，不用书名号。

（3）证件、商标、奖状名称不用书名号。例如：持有“经营许可证”。

（4）报纸、杂志名，如果着眼于单位，如报社、杂志社，一般不用书名号。例如：人民日报社、中国社会科学杂志社。如果指的是文字载体本身，则用书名号。例如：《人民日报》登载了他的文章。

（5）根据《标点符号用法》（GB/T 15834-2011），书名号之间如果没有其他成分，之间的顿号可以删除。若有其他成分插在并列的书名号之间，宜用顿号。

3.6.1.2.4　连接号

连接号形式目前规范为短横线“-”、一字线“—”和浪纹线“~”三种，三者的功能划分如下。

（1）用短横线的情况。

标示化合物的名称或表格、插图编号；连接号码，包括门牌号码、电话号码，以及用阿拉伯数字表示年、月、日等；在复合名词中起连接作用；某些产品的名称和型号；汉语拼音、外来语内部的分合等。

（2）用一字线或者浪纹线均可的情况。

标示相关项目（如时间等）的起止；表示数值范围（由阿拉伯数字构成）的起止。

3.6.1.3　数字

皮书数字的使用遵守《出版物上数字用法》（GB/T 15835-2011）的规定。数字包括阿拉伯数字和汉字数字。根据皮书的实证性特点，要求在表述时，尽量使用阿拉伯数字。具体用法如下。

3.6.1.3.1　使用阿拉伯数字的情况

（1）用于计量的数字。

（2）用于编号的数字。

（3）已定型的含阿拉伯数字的词语。

示例：

5G 手机、G8 峰会

3.6.1.3.2　使用汉字数字的情况

（1）概数。包括数字连用表示的概数和带“几”字的概数。

示例：

七八个人、十几个

（2）已定型的含汉字数字的词语。

示例：

万一

3.6.1.3.3　其他

（1）在用阿拉伯数字表示数值范围时，可采用浪纹式连接号“~”或一字线连接号“—”。前后两个数值的附加符号或计量单位相同时，在不造成歧义的情况下，前一个数值的附加符号或计量单位可省略。如果省略数值的附加符号或计量单位会造成歧义，则不应省略。

示例：

9 亿~10 亿元（“9”后面的“亿”不能省略）

（2）一个用阿拉伯数字书写的数值应在同一行中，避免断开，皮书中超过 3 位数的数字间一律不用千分撇“,”和千分空。

（3）含有月、日的专名采用阿拉伯数字表示时，应采用间隔号“·”将月、日分开，并在数字前后加引号。

示例：

“3·15”消费者权益日、“9·11”事件

（4）阿拉伯数字“0”有“零”和“〇”两种汉字书写形式。如果一个数字用作计量时，其中“0”的汉字书写形式为“零”；用作编号时，“0”的汉字书写形式为“〇”。

示例：

“96.06”的汉字数字形式为“九十六点零六”

“2012 年”的汉字数字形式为“二〇一二年”

（5）阿拉伯数字不得与除万、亿及法定计量单位词头外的汉字数字连用。

示例：

“2 亿 4 千万”应写为“2.4 亿”或“2 亿 4000 万”

（6）纯小数必须写出小数点前定位的“0”。

（7）皮书编撰中，不宜出现“今年”“去年”“明年”“最近”“目前”“上世纪”等时间词，应根据语境改为确切年份。

（8）如果一个数字，个位数上不是零，后面不能加“余”字。

（9）年份不能随意简写。

示例：

“2017 年”不能写成“17 年”

（10）皮书中，分数一般用阿拉伯数字表示。

示例：

“三分之一”应写为“1/3”

3.6.1.4　公式

皮书中的公式多为数学公式，一般居中排，且与正文间上下加空半行，长度超过 3/4 行的可回行，回行从加减乘除等符号处断开。公式序号应排在公式的右侧齐版心处。

示例：

$$Y_t=F'x_t+\omega_t,\ \omega_t\sim N(O,\ \sigma_{\omega}^{\mu}) \tag{2.1}$$

公式序号的前位码表示皮书的报告序号，后位码表示公式序号。

3.6.1.5　专有名词与术语

专有名词与术语较多的皮书，应在书稿后附有中外文对照表。名称较长的机构、会议、活动等，在首次出现时应用全称，并用括号标明后文简称，之后出现的均可用缩略语表示，中文译名一般在第一次出现时，须标明原外文名称。

示例：

中央国债登记结算有限公司（以下简称“中债登”）

世界贸易组织（World Trade Organization，以下简称“世贸组织”或WTO）

3.6.1.6　外语

皮书中外语的使用包括外国人名，国外的专业机构、会议、企业名称等，在编撰时应注意以下两点。

（1）国外人名的书写。

若在我国已有通用惯译的姓名或其本人具有自选汉字姓名者，按约定俗成原则处理，各国领导人和重要政治活动家的译名，应统一使用新华社已有译名。在第一次出现时，一般应于中文译名后加括号附注外文的姓名。若没有通用惯译的姓名，可直接写外文名。

示例：

马克斯·韦伯（Max Weber）

（2）专业机构、会议、企业名称。

如已在中国注册登记，应按其中文注册名称翻译。除此之外，视情况不同，可以意译，也可以音译，但全书必须统一。如译名较长，需用简称或原文缩略名称，则应在首次出现时在中文全称之后用括号注明原文名称及简称或原文缩略名称。

示例：

亚太经济合作组织（Asia-Pacific Economic Cooperation）

3.6.1.7　量和单位

皮书使用的量和单位应遵守 1993 年国家技术监督局发布的国家标准《量和单位》（GB 3100~3102-1993）的规定。皮书编撰中，要注意以下三点。

（1）数词后不能缺少量词成分。

示例：

“500万矿石”应写为“500万吨矿石”

（2）在皮书报告中涉及大量单位时，单位的中英文符号不能混用，要保持统一。

示例：

长度单位——“千米”和“km”，不能混用，两种形式应选择一种并统一

（3）不使用已经废弃的单位名称。

示例：

公分

3.6.1.8 科技符号

科技符号属于科技辅助书面语的范畴。运用科技符号表述科技信息时，应注意以下三点。

（1）汉语语法规则。

公知公用的、具有单一确切语意的符号，可以直接充当文字使用。它和语言符号一样，按汉语语法规范运用。但是，数学符号、多义的元素符号及非公知公用的符号等，均不能当文字使用。

示例：

“二氧化碳”可以写成“CO_2”

“正数”不能写成“+数”

（2）首用注释原则。

在皮书编撰中，使用非公知公用的符号时，必须在第一次出现这一符号时加以注释。

示例：

$$C_{it}=\frac{GDP_{it}}{L_{it}}$$

公式中，C_{it} 表示 i 地区在 t 年的地均 GDP（万元/平方千米），GDP_{it} 表示 i 地区在 t 年的 GDP（万元），L_{it} 表示 i 地区在 t 年的辖区面积。

（3）同文单义原则。

同一个科技符号，可以代表多种语意。要求在同一篇报告中，一个符号只能代表一个含义，即“同文单义”。

3.6.1.9 表格（Table）

3.6.1.9.1 表格的基本元素

皮书中的表格按照“先见文，后见表”的原则编排，由表题（包括表序和表名）、表头（栏目）、表身（说明栏）、表注组成。表题一般居中排于表格上方，一般用小五号黑体表示。表头一般有单层表头和多层表头之分。表身为表格的主体，由一系列单元格组成，其中横向的单元格系列称为行，竖向的单元格系列称为栏，表身用小五号或者六号宋体表示。表注是对表中有关内容做补充说明的文字，一般排在底线下面（见图 3-1）。

3.6.1.9.2 表序

皮书中表序可单篇报告独立排序，也可按照双层序号编号。例如，在 B.2（皮书的第 2 篇报告）中出现的第 3 个表格，表序中间加短横线，不可用浪纹线，编号为“表 2-3”，表序与表名之间空一字格。文内应用“表 ×-×”的方式标示（×-× 为该表在该篇报告中的序号），避免使用“从上表可见……”等文字，应用“从表 2-3 可见……”或在一段（句）后、标点符号前加“（见表 2-3）”。

3.6.1.9.3 表格的形式

表格一般采用三线表形式，表格左右不加边线，单元用横线隔开（各单元内

表序　表名

表×－×　各类上市公司胶价上涨幅度

市值（亿元）	公司数量（家）	2014 年前三季度累计涨幅（%）	2010～2013 年净利润复合增长率（%）	2014 年中报净利润增长率（%）
1000 以上	28	2.24	13.1	8.9
500～1000	39	3.03	17.4	16.2
300～500	46	5.52	－0.4	6.6
200～300	89	10.40	0.0	14.4
100～200	217	16.17	1.2	6.2
50～100	508	28.01	2.0	13.0
20～50	1080	42.94	－6.8	19.7
20 以下	460	69.49	－50.3	－45.8
合计（平均）	2467	15.19	9.5	10.3

表头　表身

表注 → 资料来源：根据 Wind 资讯基础数据，由作者统计整理得到。

图 3-1　表格的基本元素示例

不再用横线分割，但保留竖线），同一类型的项目之间一律不加横线分割。顶线和底线为反线，其余线为正线。

（1）竖排表。

竖排表是皮书中最常用的排表格式（见图 3-2）。

表×－×　16～35 岁北京青年就业人员的地域来源

单位：%

职　业	户籍所在地		毕业院校		出生地	
	北京	外地	北京	外地	北京	外地
管理人员	39.1	60.9	45.1	54.9	19.1	80.9
专业技术人员	44.0	56.0	44.1	55.9	17.5	82.5
办事人员	55.7	44.3	54.9	45.1	17.4	82.6
蓝领工人	38.6	61.4	43.7	56.3	34.7	65.3
农民	91.2	8.8	64.2	35.8	85.0	15.0

图 3-2　竖排表示例

（2）续表。

续表须在下一页右上方标注“续表”二字，同时加排表头（见表 3-3）。

表 × － ×　2014～2015 年主要经济指标预测

项　目	2014 年	2015 年
国内生产总值 GDP 增长率(%)	7.3～7.5	7.0
全社会固定资产投资实际增长率(%)	15.2	14.3
社会消费品零售总额实际增长率(%)	10.8	10.4
居民消费价格指数 CPI 上涨率(%)	2.0	1.8

续表

项　目	2014 年	2015 年
城镇居民实际人均可支配收入增长率(%)	6.6	6.1
农村居民实际人均纯收入增长率(%)	8.5	7.6
财政收入增长率(%)	8.2	7.6
进口增长率(%)	2.2	4.6
出口增长率(%)	6.0	6.9
外贸顺差(亿美元)	3480	4190

图 3-3　续表示例

（3）卧排表。

卧排表应“顶左底右”，即逆时针转 90 度（见图 3-4）。

（4）折栏表和叠栏表。

折栏表和叠栏表转栏后用双正线分隔，如图 3-5 和图 3-6 所示。

（5）和合表。

和合表也称“跨版表”或“蝴蝶页表”，是排在由双码、单码两个页面拼合成的一个大版面（“和合面”）上的表格。和合表适用于无论采用竖排还是卧排形式都难以安排在一个页面上的表格，可以分为竖排和合表与卧排和合表两种（见图 3-7）。

表×－×　2004年北京各区县功能格局比较/区位熵方法

区县	农林牧渔业	工业	建筑业	交通运输、仓储和邮政业	信息传输、软件和信息技术服务业	批发和零售业	住宿和餐饮业	金融业	房地产业	租赁和商务服务业	科学研究、技术服务和地质勘查业	水利、环境和公共设施管理业	居民服务和其他服务业	教育	卫生保障和社会福利业	文化、体育和娱乐业	公共管理和社会组织
东　城	0.00	0.30	0.61	0.66	2.32	1.50	1.97	0.97	0.83	2.07	0.61	0.84	0.51	0.58	1.96	1.92	2.06
西　城	0.00	0.34	0.71	0.36	0.98	1.16	0.71	2.55	0.92	1.47	0.94	1.06	2.08	0.68	1.56	1.45	1.48
朝　阳	0.09	0.68	1.04	1.78	0.52	1.87	1.43	0.80	1.45	1.28	1.02	0.77	0.85	0.69	0.92	0.67	0.84
丰　台	0.19	0.90	2.07	0.68	0.32	0.94	0.83	0.92	1.20	1.16	2.43	0.79	1.35	0.67	1.13	1.12	0.83
石景山	0.00	2.67	0.78	0.23	0.05	0.32	0.29	0.35	0.50	0.28	0.39	0.68	0.92	0.71	0.92	0.85	0.75
海　淀	0.09	0.65	1.06	0.32	1.64	0.96	1.11	0.84	1.01	0.98	2.12	1.55	0.95	2.36	0.77	1.81	0.48
门头沟	1.03	1.90	1.27	0.25	0.02	0.31	0.84	0.36	0.93	0.55	0.35	1.89	2.03	1.27	2.25	0.15	2.24
房　山	3.49	2.21	2.11	0.56	0.01	0.31	0.51	0.24	0.74	0.29	0.37	0.73	0.63	0.64	0.69	0.05	0.86
通　州	5.72	1.57	1.91	0.21	0.02	0.58	0.93	0.46	1.33	0.36	0.14	1.88	1.26	0.99	0.99	0.07	1.63
顺　义	5.73	2.07	1.11	1.36	0.01	0.30	0.53	0.29	0.75	0.33	0.10	0.63	0.81	0.82	0.49	0.08	0.87
昌　平	1.45	1.62	1.18	0.09	0.36	0.33	1.25	0.39	1.98	0.50	0.81	1.45	0.78	1.82	0.98	0.28	0.90
大　兴	2.90	2.41	0.77	0.52	0.38	0.32	0.35	0.28	0.96	0.18	0.19	0.58	0.60	0.62	0.42	0.07	0.91
怀　柔	3.49	1.99	1.42	0.12	0.00	0.60	1.29	0.30	0.74	0.73	0.16	2.24	0.74	0.78	0.60	0.85	1.36
平　谷	9.72	1.39	1.72	0.23	0.05	0.64	0.70	0.45	1.00	0.09	0.10	0.28	0.97	1.26	1.02	0.12	2.44
密　云	9.18	1.35	1.60	0.22	0.01	0.58	1.57	0.37	1.57	0.20	0.11	2.92	1.50	0.93	0.87	0.11	1.48
延　庆	12.39	0.58	2.02	0.64	0.00	0.53	2.12	0.43	0.90	1.16	0.19	2.48	0.84	1.41	1.45	0.72	2.94

图3-4　卧排表示例

表×－×　2012～2016 年中国智能可穿戴设备市场交易规模和增长率统计和预测

单位：亿元，%

年份	交易规模	增长率	年份	交易规模	增长率
2012	5.0	—	2015	135.6	516
2013	9.0	80	2016	228.0	68
2014	22.0	144			

图 3-5　折栏表示例

表×－×　2013 年拉美部分国家对中国出口占其总出口的比例

单位：%

国家	哥斯达黎加	乌拉圭	智利	巴西	秘鲁	委内瑞拉	哥伦比亚	阿根廷
占比	37.5	25.3	24.5	19.0	17.7	13.8	8.7	6.6
国家	多米尼加	尼加拉瓜	洪都拉斯	玻利维亚	厄瓜多尔	危地马拉	墨西哥	
占比	5.8	3.5	3.3	2.9	2.3	2.3	1.7	

图 3-6　叠栏表示例

（6）双栏跨页表。

双栏跨页表应按顺序先排同面左栏和右栏，再排另一面的左栏和右栏（见图 3-8）。

3.6.1.9.4　表格的单位

表内数据单位的位置应根据单位的个数进行调整。若是 1~2 个单位，把单位放在表上方右侧。单位数量若多于 2 个，可相应在栏内用括号括注，如图 3-9、图 3-10 和图 3-11 所示。

2014 年全国广播电视发展主要指标一览表（一）

	节目制播情况								覆盖情况			有线广播电视发展情况							
	广播节目播出时间	增长率	电视节目播出时间	增长率	广播节目制作时间	增长率	电视节目制作时间	增长率	广播综合人口覆盖率	无线广播综合人口覆盖率	无线电视综合人口覆盖率	有线广播电视用户	增长率	数字电视用户	增长率	付费数字电视用户	增长率	有线电视用户占本地区总户数比重	有线广播电视网络传输干线总长
	万小时	%	万小时	%	万小时	%	万小时	%	%	%	%	万户	%	万户	%	万户	%	%	万公里
全国合计	1405.83	1.91	1747.61	2.46	764.73	3.46	327.74	-3.54	97.99	96.59	96.08	23458.23	2.47	19143.21	11.56	4505.41	28.78	54.82	415.34
总局直属	34.24	-20.75	29.15	7.90	35.18	21.75	16.25	-48.83	—	—	—	—	—	—	—	—	—	—	—
北京市	17.25	-0.21	12.56	-1.11	13.93	19.89	10.05	-24.95	100.00	100.00	99.75	551.57	-13.40	469.15	-8.66	216.49	1795.17	106.85	22.62
天津市	15.01	0.23	16.61	-1.59	8.21	1.16	2.91	4.87	100.00	100.00	100.00	312.68	6.98	283.86	11.01	19.99	6.68	88.95	0.65
河北省	67.41	4.27	81.35	4.06	36.24	9.00	17.60	10.19	99.34	98.45	97.61	914.40	5.61	750.29	9.17	78.44	27.29	39.31	17.36
山西省	40.47	1.57	48.47	1.44	18.03	2.38	8.76	-1.26	98.04	98.02	98.94	515.25	3.28	367.97	6.77	9.64	3.72	39.23	10.21
内蒙古自治区	67.47	0.77	65.14	1.95	26.89	0.56	7.16	2.17	98.42	98.24	93.55	342.04	7.58	271.67	12.74	16.55	11.52	40.59	3.65
辽宁省	67.24	-0.13	73.75	0.45	39.00	-0.97	17.86	-3.35	98.81	98.68	97.48	935.33	-6.05	716.22	6.45	19.37	39.32	62.13	12.98
吉林省	48.67	7.09	52.47	3.91	25.09	-1.17	9.83	6.66	98.62	98.33	93.50	574.78	3.29	512.89	7.56	163.46	35.41	57.60	9.33
黑龙江省	48.92	3.99	62.80	0.39	29.22	-0.30	10.96	2.24	98.62	98.62	98.70	764.60	8.63	701.40	12.99	92.20	3.94	59.86	17.56
上海市	13.77	-0.07	17.91	-0.58	8.47	4.91	6.07	14.20	100.00	100.00	100.00	687.79	0.88	554.65	6.96	152.22	-2.37	130.38	4.41
江苏省	82.44	2.93	81.95	-0.24	60.36	0.47	19.31	-11.27	99.99	99.99	99.87	2291.47	1.87	1787.11	7.53	358.59	13.36	94.55	34.94
浙江省	74.97	1.18	75.56	2.38	50.03	1.40	15.63	5.15	99.57	99.01	99.17	1499.71	3.50	1442.62	8.12	352.57	11.46	92.43	27.53
安徽省	52.19	2.62	61.03	1.27	17.96	3.99	7.63	-0.79	98.55	98.52	98.55	769.48	8.64	386.34	11.02	43.28	17.97	35.89	5.10
福建省	51.65	-0.53	34.92	2.52	25.63	1.59	6.78	2.45	98.31	97.04	95.64	724.03	4.70	594.66	21.58	123.85	-28.44	69.26	10.29
陕西省	40.47	1.57	48.47	1.44	18.03	2.38	8.76	-1.26	98.04	98.02	98.94	515.25	3.28	367.97	6.77	9.64	3.72	39.23	10.21
湖南省	67.47	0.77	65.14	1.95	26.89	0.56	7.16	2.17	98.42	98.24	93.55	342.04	7.58	271.67	12.74	16.55	11.52	40.59	3.65
湖北省	67.24	-0.13	73.75	0.45	39.00	-0.97	17.86	-3.35	98.81	98.68	97.48	935.33	-6.05	716.22	6.45	19.37	39.32	62.13	12.98
海南省	48.67	7.09	52.47	3.91	25.09	-1.17	9.83	6.66	98.62	98.33	93.50	574.78	3.29	512.89	7.56	163.46	35.41	57.60	9.33
青海省	48.92	3.99	62.80	0.39	29.22	-0.30	10.96	2.24	98.62	98.62	98.70	764.60	8.63	701.40	12.99	92.20	3.94	59.86	17.56
甘肃省	13.77	-0.07	17.91	-0.58	8.47	4.91	6.07	14.20	100.00	100.00	100.00	687.79	0.88	554.65	6.96	152.22	-2.37	130.38	4.41
云南省	82.44	2.93	81.95	-0.24	60.36	0.47	19.31	-11.27	99.99	99.99	99.87	2291.47	1.87	1787.11	7.53	358.59	13.36	94.55	34.94
贵州省	74.97	1.18	75.56	2.38	50.03	1.40	15.63	5.15	99.57	99.01	99.17	1499.71	3.50	1442.62	8.12	352.57	11.46	92.43	27.53
四川省	52.19	2.62	61.03	1.27	17.96	3.99	7.63	-0.79	98.55	98.52	98.55	769.48	8.64	386.34	11.02	43.28	17.97	35.89	5.10
河南省	51.65	-0.53	34.92	2.52	25.63	1.59	6.78	2.45	98.31	97.04	95.64	724.03	4.70	594.66	21.58	123.85	-28.44	69.26	10.29

图 3-7 和合表示例

实现十一年连续增长。另外，前三季度，猪牛羊禽肉产量 5975 万吨，同比增长 2.0%。

经济结构继续调整，经济发展质量进一步提升。2014 年前三季度，第三产业增长 7.9%，第二产业增长 7.4%，前者快于后者的趋势得到延续；在总量构成中，第三产业增加值占比从 2013 年的 46.1% 提高到 46.7%，第三产业增加值占比超出第二产业增加值占比的差额从上年的 2.2 个百分点扩大到 2.5 个百分点，随着新的服务经济如网店经济的继续发展，这一趋势在 2014 年第四季度有望得到保持。

结构调整还表现在全社会固定资产投资增长的结构变化上。2014 年前三季度，全国固定资产投资（不含农户）357787 亿元，扣除价格因素后实际增长 15.3%。相比 2013 年全国固定资产投资实际增长 19.2%，2014 年前三季度全国固定资产投资增速有所放缓。更值得注意的是投资增长的结构变化。一是民间投资比重继续提高。2014 年前三季度，国有及国有控股投资 112369 亿元，增长 14.1%；民间投资 231509 亿元，增长 18.3%，占全部投资的比重为 64.7%，比 2013 年的 63.0% 提高 1.7 个百分点。二是中西部地区投资增长继续快于东部地区投资增长。2014 年前三季度，东部地区投资同比增长 14.9%，中部地区增长 17.8%，西部地区增长 17.9%，这有助于继续促进区域平衡发展。三是第一产业和第三产业的投资增速继续明显快于第二产业投资增速。前三季度，第一产业投资 8642 亿元，同比增长 27.7%；第二产业投资 150180 亿元，同比增长 13.7%；第三产业投资 198965 亿元，同比增长 17.4%，第三产业固定资产投资总量比第二产业投资总量超出 32.5%。

表×－×　2014 届本科生毕业半年后就业率排前 50 位的主要专业

单位：%

本科就业率排前 50 位的专业名称	就业率	本科就业率排前 50 位的专业名称	就业率
护理学	97.0	医学检验	95.5
建筑环境与设备工程	96.8	工程管理	95.3
医学影像学	95.9	安全工程	95.1
测绘工程	95.6	中医学	94.4
建筑学	95.6	数字媒体艺术	94.4

续表

本科就业率排前50位的专业名称	就业率	本科就业率排前50位的专业名称	就业率
车辆工程	94.4	信息工程	93.7
矿物加工工程	94.4	地理信息系统	93.7
电气工程及其自动化	94.4	人力资源管理	93.6
信息管理与信息系统	94.3	教育技术学	93.6
小学教育	94.3	过程装备与控制工程	93.6
市场营销	94.2	学前教育	93.6
电子商务	94.2	机械电子工程	93.5
物流管理	94.1	制药工程	93.4
食品科学与工程	94.1	新闻学	93.4
给水排水工程	94.1	资源环境与城乡规划管理	93.4
旅游管理	94.0	计算机科学与技术	93.4
交通运输	94.0	采矿工程	93.3
法语	94.0	财政学	93.3
工业工程	93.9	金属材料工程	93.3
教育学	93.9	广告学	93.3
软件工程	93.9	会计学	93.2
交通工程	93.8	机械设计制造及其自动化	93.2
土木工程	93.8	财务管理	93.0
材料成型及控制工程	93.8	电子信息科学与技术	93.0
热能与动力工程	93.7	网络工程	93.0
全国本科	**92.6**	**全国本科**	**92.6**

注：毕业生规模过小的专业不包括在此排序中。

资料来源：麦可思　中国2014届大学毕业生社会需求与培养质量调查

实现十一年连续增长。另外，前三季度，猪牛羊禽肉产量5975万吨，同比增长2.0%。

经济结构继续调整，经济发展质量进一步提升。2014年前三季度，第三产业增长7.9%，第二产业增长7.4%，前者快于后者的趋势得到延续；在总量构成中，第三产业增加值占比从2013年的46.1%提高到46.7%，第三产业增加值占比超出第二产业增加值占比的差额从上年的2.2个百分点扩大到2.5个百分点，随着新的服务经济如网店经济的继续发展，这一趋势在2014年第四季度有望得到保持。

结构调整还表现在全社会固定资产投资增长的结构变化上。2014年前

图3-8　双栏跨页表示例

表 ×-×　2019 年专用车底盘分产品统计

单位：辆

序号	底盘品牌	仓栅	罐式	举升	普通自卸车	特种	厢式	自卸	总计
行业合计		351847	154782	73846	355486	88812	855407	101304	1981484
1	东风牌	37268	55241	13309	28528	27010	80779	24467	266602
2	福田牌	40717	2312	1580	40116	4245	147211	4627	240808
3	解放牌	67391	8328	2288	27384	9776	38802	8254	162223
4	五菱牌	41086	3			1	114698	24	155812
5	江淮牌	33010	1562	870	11425	4120	70584	3148	124719
6	长安牌	34911	247			1586	72525	6434	115703
7	豪沃牌	33004	29736	982	16623	4719	23230	6890	115184
8	江铃牌	3565	275	3221	2249	3267	59856	3427	75860
9	金杯牌	8590	1	1	93		57992	30	66707
10	陕汽牌	2705	10555	1907	30472	3687	2114	7515	58955

资料来源：工业和信息化部机动车整车出厂合格证数据。

图 3-9　示例表 1（表内单位数量为 1 个）

表 ×-×　新华网 2013 年和 2014 年数据新闻对照统计

单位：条，个

项　目	2013 年			2014 年		
	数据新闻数量	点赞总数	平均点赞数	数据新闻数量	点赞总数	平均点赞数
时政类	25	31	1.2	123	3496	28.4
财经类	2	16	8.0	40	1009	25.2
社会类	61	13	0.2	107	2567	24.0
科普类	42	13	0.3	54	1406	26.0
感悟类	31	93	3.0	15	154	10.3
合计	161	166	1.0	339	8632	25.5

图 3-10　示例表 2（表内单位数量为 2 个）

3.6.1.9.5　表下注释

皮书表下注释一般包括“资料来源”“说明”“注”“*”等内容。

表 ×－×　2019 年新能源车 TOP10 集团销量、份额及变化

排名		集团	销量			市占率		
2018 年	2019 年		2018 年（万辆）	2019 年（万辆）	同比增长（%）	2018 年（%）	2019 年（%）	增减变化（百分点）
1	1	比亚迪	22.9	23.0	0.4	18.2	19.1	0.8
3	2	上汽	14.1	18.5	30.5	11.3	15.3	4.0
2	3	北汽	16.5	16.4	-0.4	13.1	13.6	0.5
6	4	吉利	7.7	7.2	-6.4	6.1	5.9	-0.2
8	5	东风	6.7	6.4	-3.7	5.3	5.3	0.0
7	6	江淮	7.0	6.2	-11.5	5.6	5.1	-0.4
4	7	奇瑞	8.9	5.9	-34.1	7.1	4.9	-2.2
11	8	广汽	2.4	5.7	135.9	1.9	4.7	2.8
15	9	长城	0.9	4.0	360.1	0.7	3.3	2.6
5	10	长安	8.7	3.8	-56.2	6.9	3.2	-3.8

资料来源：根据中国汽车工业协会数据整理。

图 3-11　示例表 3（表内单位数量为 3 个及以上）

表注一般包括两种，即一般性表注和具体性表注。一般性表注对表从整体上进行限定、说明或提供有关信息，用“注”（或“说明”）在表下注释。具体性表注是关于表的某个具体栏、行或单元格的注解，可以用上标“*”标示，也可以用小写的上标英语字母标示（例如 a、b、c），在表的栏题和表体中，表注的顺序是从左到右、从上到下，从表的左上角开始，并在表下做相应文字注释。

“资料来源”是表格重要的组成部分，若表中的数据、资料来源为本部门、本课题组、执笔人调研所得，应统一注明；若为引用其他出处的，则需要对数据、资料的来源进行详细说明。

“*”“注”“说明”与“资料来源”同时出现时，“*”“注”或“说明”在前，先对表格进行解释；“资料来源”在后，对数据、资料来源或其他进行说明，如图 3-12 和图 3-13 所示。

表×－×　2008～2015 年西亚非洲地区通货膨胀情况

单位：%

年份	2008	2009	2010	2011	2012	2013	2014	2015
世界	6.4	2.8	3.9	5.2	4.2	3.9	3.8	3.9
新兴市场和发展中经济体	9.4	5.3	5.9	7.3	6.1	5.9	5.5	5.6
西亚北非地区	11.7	6.0	6.2	8.6	9.6	9.2	7.5	8.0
撒哈拉以南非洲地区	13.0	9.8	8.3	9.5	9.3	6.6	6.7	7.0

注：表中以年度平均消费者价格衡量通货膨胀水平（%），2014 年、2015 年为预测值。

资料来源：IMF（2014）。

图 3-12　一般性表注示例

表×－×　哥伦比亚各主要政党在参、众两院中席位的分布与变化

主要政党	参议院议席(总数 102)		众议院议席(总数 166)	
	2010 年	2014 年	2010 年	2014 年
民族团结社会党(P de U)	28	21	47	39
民主中心(UCD)	—	19	—	12
保守党(PC)	22	18	38	27
自由党(PL)	17	17	37	37
激进变革党(CR)	8	9	15	16
绿党(PV)	5	5	3	6
民主选择中心党(POLO)	8	5	4	3
公民选择党(OC)*	9	5	12	6

* 2013 年前名为“民族统一党”（PIN）。

资料来源：Registraduría Nacional del Estado Civil de Colombia，http：//www.regist－raduria.gov.co/，检索日期：2014 年 12 月 30 日。

图 3-13　具体性表注示例

3.6.1.9.6　表中数字

表中数字一般以小数点对齐排（见图 3-14）。

表×－×　西部劳动力对当前工作就业需求重要性评价的排序

单位：%

重要程度	谋生	让自己心安	获得尊重	认识更多的人	充分发挥自己的能力	满足兴趣
重要	79.2	63.7	61.4	53.0	55.5	47.1
一般	16.0	31.8	34.0	36.7	37.9	43.8
不重要	4.7	4.5	4.6	10.3	6.6	9.1

图3-14　表中数字小数点对齐排示例

3.6.1.10　插图

3.6.1.10.1　插图的基本元素

皮书中的插图由图题（包括图序和图名）、图、图注组成，按照“先见文，后见图”的原则编排。图题一般置于图下方居中位置，图序与图名之间空一字格。

3.6.1.10.2　图序

同表格类似，皮书中图序可按照双层序号编号。例如，在B.2（皮书的第2篇报告）中出现的第3幅图，中间加短横线，不可用浪纹线，编号为“图2-3”，图序与图名之间空一字格。文内应用“图×-×”的方式标示（×-×为该图在该篇报告中的序号），避免使用“从上图可见……”等文字，应用“从图2-3可见……”或在一段（句）后、标点符号前加“（见图2-3）”。

3.6.1.10.3　插图的形式

（1）量化图。

用来表示一个或者多个量化指标的图叫作量化图，包括曲线图、饼图、柱状图等。量化图中，注意在坐标轴上注明变量的单位以及变量名称（见图3-15）。

（2）非量化图。

非量化图一般表示非量化信息，包括构造图、示意图、框图、流程图、地图等，如图3-16所示。

一般采用地图来展示空间关系。国家地图及各省区市的行政区划图，应完整、准确。特别要注意，中国全图、中国南部地图、海南省地图不要漏绘南海诸

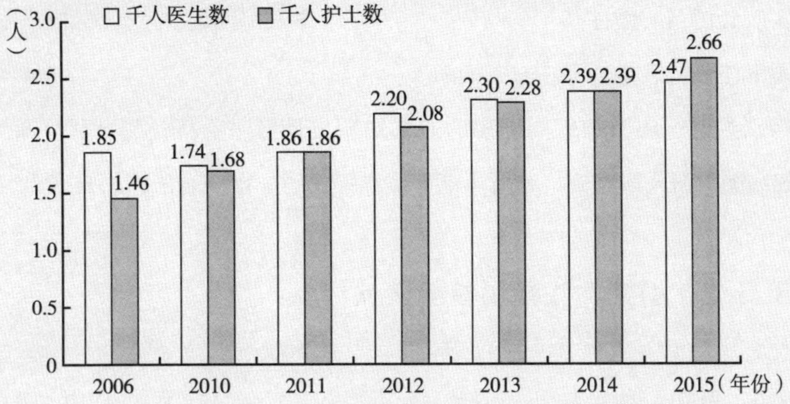

图×－×　苏州市每千常住人口医师、护士数变化情况

图3-15　量化图示例

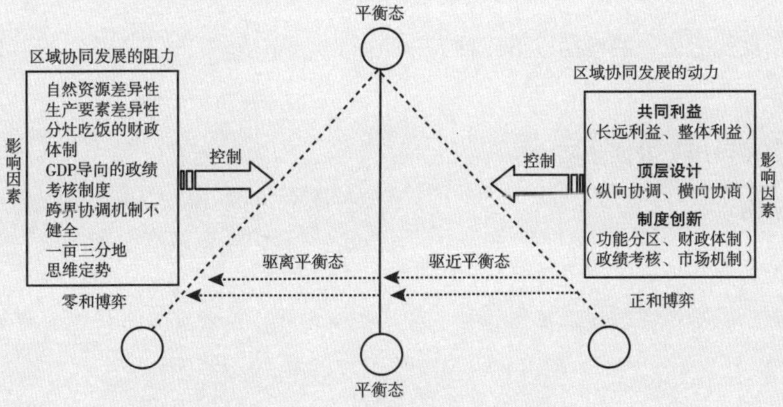

图×－×　区际利益博弈动因示意

图3-16　示意图示例

岛；中国全图、中国东部地图、台湾地区地图不要漏绘钓鱼岛、赤尾屿和黄岩岛；地图上必须正确标示香港、澳门和台湾；正确绘制阿克塞钦地区、藏南地区；台湾地区底色应与大陆保持一致。

3.6.1.10.4　图注

图下注释与表格的标注方式相同。

特别说明：皮书在采用图表的方式对研究问题进行描述时，优先采用柱状图、曲线图、饼图等方式，若图不能够清晰描述时，则采用表格的方式。

3.6.2　引文、注释和参考文献

3.6.2.1　引文

引用的重要文献（马列著作、领导人文选、中央文件等）均须校核，并以最新版本为准。旧时作者的著作或者文章结集出版，可依当时的版本。一般文献，遇有表述问题时，亦须校核，不可随意改动。如果作者引用文字有改动（尤其是引用译著文字有改动时），需要说明理由。

引文的标记一般包括以下三种。

（1）引用关键词和原文。

示例：

城市发展空间结构不合理，“城市病”日益突出。

全球能源经济总体上继续保持“生产重心西移、消费重心东移”的趋势。

（2）引用原意。

示例：

中国学者翟学伟对社会信任的理论及应用进行了研究，认为目前信任研究存在的问题是：宏观层面上的带有整合性的理论未能浮现。

（3）提行引。

提行引不加引号，字体字号宜与正文有区别；宜与正文上下空一行；引文段总体左侧缩进两格。

示例：

7月17日，2014（第五届）中国食品安全高层对话在北京钓鱼台国宾馆隆重举行。本次对话的主题是“创新驱动发展、责任凝聚力量”。本次高层对话由新华网、新华社新闻研究所、经济参考报社、参考消息报社、中国证券报社联合主办。

3.6.2.2　注释和参考文献

3.6.2.2.1　注释

注释按照编排的位置不同，可以分为以下几种：文字排在页下方的叫脚注，夹在文中被说明文字后面的叫夹注，集中起来排在章末的叫章后注，排在表格下或图题下的叫表注或图注。

皮书中标识文献征引的注释一般采用脚注－编号制（Notes-Bibliography System），即采用当页页下注的方式。

皮书在文献征引时的标引体例如下。

中文文献

（1）专著。

×××（作者）：《×××》（书名）××（卷册），×××（出版社），××（年份），第×页。

示例：

崔功豪、魏清泉、陈宗兴：《区域分析与规划》，高等教育出版社，1999，第15~16页。

（2）析出文献。

a）论文集、作品集及其他编辑作品。

×××（作者）:《×××》（篇名），载×××（作者）《×××》（书名），×××（出版社），××（年份），第×页。

示例:

周棉、赵惠霞:《留学生与中国现代学科的创建和学术体系的形成》，载周宪、陶东风主编《文化研究》，社会科学文献出版社，2015，第213页。

b）期刊。

×××（作者）:《×××》（文章名），《×××》（期刊名）××年第×期，第×页。

示例:

黄群慧:《"新常态"、工业化后期与工业增长新动力》，《中国工业经济》2014年第10期，第16页。

c）报纸。

×××（作者）:《×××》（文章名），《×××》（报纸名）××年×月×日，第×版。

示例:

杨亮:《2014年中央1600亿元投向义务教育均衡发展》，《光明日报》2015年2月10日，第8版。

（3）转引文献。

无法直接引用的文献，转引自他人著作时，须标明。

×××（作者）:《×××》（书名或文章名），转引自×××（作者）《×××》（书名或文章名）××（卷册），×××（出版社），××（年份），第×页。

示例：

张奇：《体制转轨与金融风险》(2015 年 5 月)，转引自艾洪德《货币数量研究》，东北财经大学出版社，1994，第 123 页。

（4）未刊文献。

a）学位论文。

×××(作者)：《×××》(论文名)，××(博士或硕士学位论文)，×××(论文所属机构)，××（年份），第 × 页。

示例：

郭世田：《中国特色人才观的创新与发展》，博士学位论文，山东大学，2012，第 10~35 页。

b）会议论文。

×××（作者)：《×××》(论文名)，×××（会议名称)，××（会议地点)，××年×月（召开时间），第 × 页。

示例：

吴鸾莺：《农村税费改革对农户土地经营、流转行为的影响》，第十一届中国经济学年会，上海，2012 年，第 59 页。

（5）网上数据库。

×××（作者)：《×××》(书名或文章名)，××（博士或硕士学位论文)，×××（出版社或作者单位)，××（年份)，第 × 页。×××（数据来源)。

示例：

项洁雯：《农村社会养老金替代率水平及政策仿真研究》，博士学位论文，浙江大学，2015，第 19 页。据中国优秀博硕士学位论文全文数据库：http://www.cnki.net/KCMS/detail/detail.aspx?dbcode。

（6）网上出版物。

网上出版物包括新闻、学术期刊、报纸等，引用时原则上与引用印刷型文章的格式相同，另需加上网址。

示例（新闻）：

曾鸣：《英国新一轮低碳电力市场改革及启示》，中国电力新闻网，2012 年 10 月 9 日，http://www.cpnn.com.cn/zdyw/201407/t20140722_701096. html。

示例（学术期刊）：

郝颖、辛清泉、刘星：《地区差异、企业投资与经济增长质量》，《经济研究》2014 年第 3 期，http://www.cqvip.com/QK/95645X/201403/49038528. html。

示例（报纸）：

邱莉玲：《戏剧商业置入最快月底开放》，《工商时报》2012 年 9 月 24 日，http://showbiz.chinatimes.com/2009Cti/Channel/Showbiz/showbiz-news-cnt/0,5020,110511+122012092400046,00.html。

（7）译著。

〔国籍〕×××（作者）：《×××》（书名），×××（译者）译，×××（出版社），××（年份），第 × 页。

示例：

〔英〕菲利浦·桑斯：《无法无天的世界——当代国际法的产生与破灭》，单文华、赵宏、吴双全译，人民出版社，2011，第 76 页。

（8）皮书的引用。

×××（作者）主编《×××：×××》（丛书名：书名），×××（出版社），××（年份）。

示例：

李扬主编《经济蓝皮书：2015 年中国经济形势分析与预测》，社会科学文献出版社，2015。

外文文献

引证外文文献，原则上使用该语种通行的引证标注方式。皮书英文文献标注方式如下。

（1）专著。

作者，书名（斜体）（出版地点：出版社，出版时间），引用页码。

示例：

Stewart Banner, *How the Indians Lost Their Land: Law and Power on the Frontier*（Cambridge: Harvard University Press, 2005）, p.89.

引用三位以上作者合著作品时，通常只列出第一作者的姓名，其后以“et al.”省略其他作者姓名。

（2）析出文献。

a）论文集、作品集。

作者，文章名，编者，文集题名（斜体）（出版地点：出版社，出版时间），页码。

注：文章名加引号。

示例：

R.S.Schfield,“The Impact of Scarcity and Plenty on Population Change in England,” in R.I. Rotberg and T.K. Rabb, eds., *Hunger and History: The Impact of Changing Food Production and Consumption Pattern on Society*（Cambridge, Mass: Cambridge University Press,1983）, p.79.

b）期刊。

作者，文章名，期刊名（斜体）卷册（出版时间）：页码。

注：文章名加引号。

示例：

Douglas D. Heckathorn，"Collective Sanctions and Compliance Norms: A Formal Theory of Group Mediate Social Control，" *American Sociological Review* 55 (1990) :370.

（3）未刊文献。

a）学位论文。

作者，论文标题（博士或硕士学位论文，提交论文的学校，提交时间），页码。

示例：

Adelaide Heyde，The Relationship between Self-esteem and the Oral Production of a Second Language（Ph. D. diss.，University of Michigan，1979），pp.32-37.

b）会议论文。

作者，论文标题（会议名称，地点，时间），页码。

示例：

C.R.Graham，Beyond Integrative Motivation: The Development and Influence of Assimilative Motivation（paper represented at the TESOL Convention，Houston，TX，March 1984），pp.17-19.

3.6.2.2.2　参考文献

参考文献是在学术研究过程中，对某一著作或论文的整体的参考或借鉴。皮书中，征引过的文献在注释中已注明，不再出现于文后参考文献中。

若有未标明的参考文献，应附于每篇报告后，不标序号，先论文后专著，分别按作者姓氏排序。参考文献体例与注释相同。

附 3.1 皮书交稿自检表

（主编提交稿件时，请根据本表一一核对）

文档格式	Word 文档	□
篇幅	皮书篇幅一般在 10 万字到 25 万字（Word 字符数）	□
质量	文章已审稿，被编辑组编辑过，无重大敏感问题，无学术不端问题	□
要件齐全	中英文丛书名	□
	中英文书名	□
	封面署名和著述方式	□
	编委会名单	□
	主要编撰者简介 全书摘要、关键词（中英文）	□
	目录（中英文）	□
	单篇报告摘要、关键词（中英文）	□
	单篇报告作者及作者简介	□
篇名	围绕本书主题，符合逻辑性	□
报告标题	标题简洁明了，反映文章核心主题	□
报告层次	层次清晰，且全书基本统一	□
脚注／尾注	只在确实需要的地方使用脚注或尾注	□
图	高质量、清晰	□
	按文章标明序号	□
	无版权问题	□
	有出处	□
表格	格式与要求相一致，要件齐全	□
	数据准确，且与正文中表述一致；有出处	□
参考文献	完整性	□
	准确性	□
	一致性	□
版权与伦理	单篇报告已获得作者许可或者原出版商许可	□

附 3.2
皮书作者原创性声明

__________年____________________皮书（丛书名）作者原创性声明

郑重声明：本人所撰报告是在皮书课题组支持下进行的原创性研究成果。除文中已经注明引用的内容外，本报告不包含本人及其他个人或单位已经公开发表过的研究成果。对本报告的研究做出重要贡献的个人和集体，均已在文中作了明确说明。

如所声明的内容与事实不符，与课题组（主编）、出版机构无关。由此引起的一切纠纷，由本人承担法律责任。

文章名	作者	签名

填写说明：

本表格由皮书主编组织各报告撰写人填写；

各报告撰写人阅读声明后提供签名；

可用电子版签名；

本表格作为皮书合同附件，提交出版社。

______年____月____日

SSAP

手册系列

II

皮书
手册

第四部分

皮书发布与推广

4.1 皮书的发布

4.1.1　皮书发布会

发布会是皮书体现价值与发挥作用的主要渠道，是皮书成果第一次对外正式公布的重要形式，也是扩大皮书社会影响力的重要手段。

发布会主要是向媒体发布成果内容，通过媒体对专业的社会科学成果的深入报道来扩大皮书的影响力。

皮书发布会一般由研创单位与出版社联合主办，参会人员包括主编、课题组主要成员、重要报告的作者（最好有本单位之外的作者代表）、出版社领导、相关领域的知名专家，以及综合性媒体记者和本领域的专业媒体记者。

皮书发布会一般在皮书出版后两周左右召开。根据不同类型皮书的出版时间，发布会一般在“两会”前后、重大节日前、本研究领域重要论坛或行业年会举办期间召开。

皮书发布会时长一般控制在 1.5 小时之内，议程包括主办方致辞、领导讲话、主题报告发布、专家发言、媒体提问等几个部分。

皮书发布会应提供新闻通稿，重点介绍皮书报告中有价值的数据、重要的发现、趋势性的分析及主要观点，同时，还应提供 3~5 篇专题性的新闻稿。对一些可能引起学术界和社会公众误解的内容，如确需发布，应对研究方法、数据来源、可能存在的局限性和问题等给予详细解释。

4.1.2　在线发布

因特殊原因，确实不能召开线下皮书发布会的，研创单位可与出版社协调，通过视频会议网络访谈或向媒体提供新闻素材的方式，组织媒体对皮书进行报道。

4.1.3 持续发布

在召开发布会或通过媒体正式发布皮书成果后，研创单位一方面可对媒体报道后的舆论进行解释或回应，另一方面也可以发布皮书其他方面的内容。一本皮书一般有 20 篇报告，这 20 篇报告均可形成媒体报道的热点，可以持续发布。

4.1.4 利用自媒体发布

除了召开发布会、开展网络访谈等形式之外，利用自媒体发布皮书也是皮书发布的重要方式。主编、作者、出版社可利用微博、微信等发布皮书资讯。

4.2 皮书的推广

作为应用对策性成果，皮书的价值通过实践与政策制定等体现出来。皮书主编、研创单位及单篇报告作者和出版社均应针对皮书的目标使用者做好皮书的推广工作。

4.2.1 作为“两会”代表的重要参考资料

结合中央或地方“两会”的时间确定皮书出版节点，可在会议期间进行皮书的展示、赠阅，也可将其中的重要问题及政策建议出版简缩本，向“两会”代表赠送。

4.2.2 作为相关领域的公务员培训教材

结合中央或地方党校、国家或地方行政学院等公务员培训基地的培训计划、培训需求，结合行业培训的相关知识需求，可以有针对性地向皮书目标读者推荐皮书。

4.2.3 作为重要会议的会议用书

皮书发布多结合该领域或行业的论坛或重要会议进行，皮书可作为会议的材料发放给与会代表，或者进行现场展示。

4.2.4 作为全民阅读的推荐图书

全民阅读不应全是文学作品、理论读物、成功励志作品等，还应包括有价值的资讯和对某一领域的现状研究、对未来的预测等理性的、系统的内容和成果。皮书是重要的决策参考、政策先声与投资指南，可作为全民阅读的推荐图书。

4.2.5 作为研究生尤其是博士研究生入学考试指定参考教材

皮书既有对学术前沿动态的关注，也有对现实热点问题的分析和调研。皮书既有翔实的一手数据，也有很多横向、纵向的比较分析，特别是皮书对某一领域和某一主题连续性的跟踪研究，对应用经济学、应用社会学、文化产业、国际关系等专业的研究生具有重要的参考和学习价值。

4.2.6 直播带货

皮书主编或皮书报告的作者、皮书编辑等可以直播带货的形式推广皮书。

第五部分

皮书法律规范、权利责任与版权管理

5.1
与皮书相关的法律规范

皮书作为正式出版物，其研创与出版须严格遵守出版及相关领域通行的法律法规。

5.1.1 一般禁止内容

根据《出版管理条例》，皮书不得含有如下内容：

（一）反对宪法确定的基本原则的；

（二）危害国家统一、主权和领土完整的；

（三）泄露国家秘密、危害国家安全或者损害国家荣誉和利益的；

（四）煽动民族仇恨、民族歧视，破坏民族团结，或者侵害民族风俗、习惯的；

（五）宣扬邪教、迷信的；

（六）扰乱社会秩序，破坏社会稳定的；

（七）宣扬淫秽、赌博、暴力或者教唆犯罪的；

（八）侮辱或者诽谤他人，侵害他人合法权益的；

（九）危害社会公德或者民族优秀文化传统的；

（十）有法律、行政法规和国家规定禁止的其他内容的。

5.1.2 保密规范

皮书研创应遵守《中华人民共和国保守国家秘密法》和《新闻出版保密规定》。

出版单位和提供皮书内容的单位，“应当根据国家保密法规，建立健全新闻出版保密审查制度”，保密审查实行“自审与送审相结合的制度”。出版机构及提供皮书内容的单位，对拟公开出版的信息，“应当按照有关的保密规定进行自审；对是否涉及国家秘密界限不清的信息，应当送交有关主管部门或其上级机关、单位审定”。

提供皮书内容的个人，“拟向新闻出版单位提供公开报道、出版的信息，凡涉及本系统、本单位业务工作的或对是否涉及国家秘密界限不清的，应当事先经本单位或其上级机关、单位审定”；“拟向境外新闻出版机构提供报道、出版涉及国家政治、经济、外交、科技、军事方面内容的，应当事先经过本单位或其上级机关、单位审定。向境外投寄稿件，应当按照国家有关规定办理”。

5.1.3 宗教规范

皮书研创和出版涉及宗教内容时，应遵守《出版管理条例》和《宗教事务条例》，不得含有下列内容：

（一）破坏信教公民与不信教公民和睦相处的；

（二）破坏不同宗教之间和睦以及宗教内部和睦的；

（三）歧视、侮辱信教公民或者不信教公民的；

（四）宣扬宗教极端主义的；

（五）违背宗教的独立自主自办原则的。

5.1.4 地图规范

皮书内容涉及地图的，应遵守《中华人民共和国测绘法》《中华人民共和国测绘成果管理条例》《地图审核管理规定》《地图管理条例》，不得使用发生错绘、漏绘、泄密，危害国家主权或者安全，损害国家利益的地图；不得擅自公布重要地理信息数据；在新闻传播、对外交流等对社会公众有影响的活动中，需要使用重要地理信息数据的，应当使用依法公布的重要地理信息数据；执行送审制度。

根据《地图审核管理规定》，自然资源主管部门受理地图审核申请后，对下列内容进行审查：

（一）地图表示内容中是否含有《地图管理条例》第八条规定的不得表示的内容；

（二）中华人民共和国国界、行政区域界线或者范围以及世界各国间边界、历史疆界在地图上的表示是否符合国家有关规定；

（三）重要地理信息数据、地名等在地图上的表示是否符合国家有关规定；

（四）主要表现地包含中华人民共和国疆域的地图，中华人民共和国疆域是否完整表示；

（五）地图内容表示是否符合地图使用目的和国家地图编制有关标准；

（六）法律、法规规定需要审查的其他内容。

根据《地图审核管理规定》，下列地图不需要审核：

（一）直接使用测绘地理信息主管部门提供的具有审图号的公益性地图；

（二）景区地图、街区地图、公共交通线路图等内容简单的地图；

（三）法律法规明确应予公开且不涉及国界、边界、历史疆界、行政区域界线或者范围的地图。

5.2 基本术语与定义

5.2.1　作品

作品，是指文学、艺术和科学领域内具有独创性并能以某种有形形式复制的智力成果。

5.2.2 作者

作者，是指创作作品的公民、法人或者其他组织。创作，是指直接产生文学、艺术和科学作品的智力活动。为他人创作进行组织工作，提供咨询意见、物质条件，或者进行其他辅助工作，均不视为创作。

我国现行著作权法规定：创作作品的公民是作者；由法人或者其他组织主持，代表法人或者其他组织意志创作，并由法人或者其他组织承担责任的作品，法人或者其他组织视为作者。如无相反证明，在作品上署名的公民、法人或者其他组织为作者。

5.2.3 著作权

著作权（狭义），即版权，是指文学、艺术和科学领域作品的创作者对其所创作的作品依法享有的权利。简单说来，就是作者对其作品享有的权利，包括人身权和财产权。人身权是与作者的人身不可分割、不直接涉及财产的权利；财产权是可以为权利人带来经济收益的权利。著作权法对上述两类权利给予了保护。通常所称的著作权，是指狭义的著作权，本部分中未明确为广义著作权的，均指狭义的著作权。邻接权与狭义的著作权共同构成了广义的著作权，受著作权法保护。著作权人依法享有著作权，作品的传播者依法享有邻接权。

与皮书相关的著作权主要涉及下列著作人身权和著作财产权：发表权、署名权、修改权、保护作品完整权、复制权、发行权、信息网络传播权、改编权、翻译权、汇编权等。

5.3 与皮书相关的权利

从法律角度来看，与皮书有关的权利包括著作权、专有出版权、版式设计权、商标专用权及品牌权利等。

5.3.1 著作权

5.3.1.1 一般内容

根据《中华人民共和国著作权法》，“中国公民、法人或者其他组织的作品，不论是否发表，依照本法享有著作权”。著作权法所称的作品，包括文学、艺术和自然科学、社会科学、工程技术等作品。

皮书，通常情况下属于以文字、图片、图形、表格等形式组合的社会科学作品。皮书所涉及的研创单位、主编、单篇报告作者、出版社等对各自具有独创性的智力成果依据《中华人民共和国著作权法》享有著作权。

社会科学文献出版社享有著作权的情形：皮书的封面设计；研创、制作的插图、表格；设计开发的数字化产品、音视频及其他视听产品；创作的用于出版物封面、装帧或者宣传推广的美术作品；在皮书全流程各环节中产生的摄影作品，以及其他受著作权法保护的作品。

5.3.1.2 数字版权

根据 2010 年《新闻出版总署关于加快我国数字出版产业发展的若干意见》，数字出版是指利用数字技术进行内容编辑加工，并通过网络传播数字内容产品的一种新型出版方式，其主要特征为内容生产数字化、管理过程数字化、产品形态数字化和传播渠道网络化。

目前政府正式文件中，未见关于“数字版权”的定义。根据施勇勤、张凤杰

（2012）的观点，“所谓数字版权，是指作者及其他权利人对其文学、艺术、科学作品在数字化复制、传播方面依法所享有的一系列专有性的精神权利和经济权利的总称”。

皮书数字出版是社会科学文献出版社基于皮书内容进行的数字化编辑加工，以包括但不限于电子图书、数据库出版物等形式进行多渠道传播。为更有效地将皮书内容进行资源整合，发挥皮书资源对分析与决策行为的智囊作用，应最大限度地赋予出版机构进行内容数字化出版的权限，利用出版机构在数字出版方面的优势，实现内容向经济效益、社会效益的转化。

5.3.1.3　国际出版许可

为提升皮书的国际影响力，掌握相关领域的话语权，皮书相关权利人、出版机构对国外出版机构授权 / 许可皮书的部分著作权。输出的皮书应不危害国家安全，不涉及国家秘密，不损害国家政治利益、经济利益等。

5.3.2　专有出版权与出版者编辑权

根据《中华人民共和国著作权法》，图书出版者对著作权人交付出版的作品，可按照合同约定享有专有出版权，他人不得出版该作品。按照合同约定，社会科学文献出版社对皮书主编（课题组）交付的皮书书稿享有专有出版权。

社会科学文献出版社及其皮书编辑工作人员，在皮书品牌系列图书中，从书稿 / 报告的前期写作规范、专题策划就参与并投入了智力劳动，通过皮书的策划立项、编辑加工、规范培训、推广发布等在书稿 / 报告的整个成稿和出版发行过程中，将其打造成了标准化的智库类的成果，提升了价值。比起原始文字和数据，在皮书品牌标准下的编辑加工，不仅在语言文字和内容上更为规范，在体例和结构上也更加专业，社会科学文献出版社及其皮书编辑工作人员在各环节都融入了专业的技术与经验，皮书智库成果基于作者与出版者（品牌方）共同努力而产生。

皮书品牌的价值、专题策划及编辑加工的价值，都被附加到了图书价值之中。因此，皮书报告不仅体现了内容价值，还体现了品牌价值和出版者编辑权价值，后两种系社会科学文献出版社为皮书带来的增值。出于尊重编辑权、品牌权利的伦理考量，经社会科学文献出版社皮书品牌推出的各类皮书智库成果，均应在各个环节尊重出版者（品牌方）的权益，不应在未经出版者（品牌方）同意的情况下，利用其品牌影响力和其研创的专有规范进行各类活动与类似项目，否则社会科学文献出版社保留通过法律途径维护自身合法权益的权利。

5.3.3　版式设计权

在皮书从文稿到成书出版的过程中，出版社对皮书的开本、装帧形式、封面、版式、插图以及纸张材料、色彩搭配、印刷、装订及工艺等各个环节进行构思创意和系统艺术设计。

版式设计，是对各版面布局要素的安排，出版社对其版式设计享有专有使用权。根据《中华人民共和国著作权法》，“出版者有权许可或者禁止他人使用其出版的图书、期刊的版式设计”。

5.3.4　商标专用权

社会科学文献出版社对经济蓝皮书、社会蓝皮书及“皮书”系列的 Logo 等均已进行了商标注册。根据《中华人民共和国商标法》，商标注册人的商标专用权受法律保护。

皮书相关的商标材料，可能会在招投标活动、皮书系列图书发布 / 宣传推广活动、申请项目等方面具有积极推动作用，如有需要，可与商标持有人社会科学文献出版社联系。

5.3.5 品牌权利

社会科学文献出版社对皮书进行了规范化、专业化、平台化、数字化、国际化运作，对“皮书”品牌进行了延伸，使其从出版社的一个学术产品名称发展成为媒体和公众使用频率极高的专有名词。社会科学文献出版社作为“皮书”品牌的缔造者、“皮书”品牌价值的开发者，也是“皮书”品牌权利的拥有者、维护者。

社会科学文献出版社的皮书工作包括皮书准入、皮书评价、专家同行评审、编辑出版、装帧设计、发布研讨、媒体宣传、数字加工、国际推广等复杂环节，其对“皮书”品牌注入大量人力、物力。社会科学文献出版社已对“皮书”标识和关联商标履行登记手续，使“皮书”品牌得到法律保护。

“皮书”品牌及相关要素受《中华人民共和国著作权法》《中华人民共和国商标法》《中华人民共和国反不正当竞争法》以及其他相关法律规范保护。根据《中华人民共和国反不正当竞争法》，令人误认为是他人商品或者与他人存在特定联系的混淆行为，如擅自使用与他人有一定影响的商品名称、包装、装潢等相同或者近似的标识，擅自使用他人有一定影响的域名主体部分、网站名称、网页等，属于不正当竞争行为，应当承担法律责任。他人或机构使用该品牌及相关要素时须经过社会科学文献出版社授权许可，并按要求使用。

“皮书”品牌下的项目研创要求、体例和规范等，都是社会科学文献出版社长期研发并不断完善的一套独立的准则，该套准则乃社会科学文献出版社为皮书系列专门开发，只有经社科文献认定准入的项目才可使用该特定准则，如有侵权使用行为，社会科学文献出版社将通过法律途径维护自身合法权益。

“皮书”品牌合作作者、机构，对所涉的具体相关“皮书”产品的推广应在合理范围内进行，以具体产品和内容为主要对象，不得超范围以“皮书”品牌整体（或各类别）或社会科学文献出版社甚至其主管单位的名义进行具体产品的宣传和商业活动。社会科学文献出版社对与“皮书”品牌相关的具体产品的各类活动享有知情权。如因合作作者、机构不合理使用导致社科文献及“皮书”品牌受到不利影响，不合理使用者应承担全部责任。

5.4 研创主体的权利与责任

5.4.1　研创单位的权利与责任

研创单位是皮书研创的组织机构。

5.4.1.1　权利

（一）对于职务作品，有权在业务范围内优先使用；

（二）可依据约定，享有署名的权利；

（三）可依据约定，享有皮书著作权；

（四）享有通过出版社渠道宣传本机构及皮书作品的权利。

5.4.1.2　责任

（一）对皮书研创行为负有管理责任；

（二）对皮书研创提供物质和技术支持；

（三）如果享有著作权，应对主编的各项行为和责任承担连带责任，对作品承担责任。

5.4.2　主编的权利与责任

主编是皮书的第一责任人和权利人，在皮书研创过程中发挥主导作用。

5.4.2.1 权利

（一）享有署名的权利；

（二）可依据约定，享有皮书著作权；

（三）享有通过出版社渠道宣传本人及皮书作品的权利。

5.4.2.2 责任

（一）对皮书观点及其社会影响承担主要责任；

（二）把握全书政治倾向，使研究过程及最终结果保持正确的政治方向；

（三）保证皮书整体内容无瑕疵；

（四）取得皮书各单篇报告作者的无瑕疵的授权；

（五）规范团队研创行为；

（六）对于职务作品，作品完成两年内，未经单位同意，不得许可第三方以与所属单位相同的方式使用该作品；

（七）权利发生转移和分割时，告知出版社；

（八）尊重责任编辑对皮书的智力付出，并按其合理要求组织修改书稿。

5.4.3 单篇报告作者的权利与责任

单篇报告作者是皮书单篇报告的研创者，对本人创作的内容负责。

5.4.3.1 权利

（一）享有在书中适当位置署名的权利；

（二）享有研创内容的著作权，有相反证明的除外；

（三）享有通过出版社渠道宣传本人及皮书作品的权利。

5.4.3.2 责任

（一）对研创内容观点及其社会影响承担主要责任；

（二）研究过程及最终结果保持正确的政治方向；

（三）研创行为合规合法，确保与研创内容相关的权利无瑕疵；

（四）尊重责任编辑对皮书的智力付出，并按其合理要求修改书稿。

5.4.4 单篇报告作者原创声明

《中华人民共和国著作权法》保护独创性、原创性的智力成果。为提升皮书影响力，除相关著作权法的约束外，还可以请皮书研创者做出原创声明。例如，社会科学文献出版社出版的皮书均要求单篇报告作者签署原创性声明，具体内容如下：

> 本人收录于 ××× 年《×××》一书中的研究报告《×××》是在皮书课题组支持下进行原创性研究的成果。除文中已经注明引用的内容外，本报告不包含本人及其他个人或单位已经公开发表过的研究成果。对本报告的研究做出重要贡献的个人和集体，均已在文中做了明确说明。本研究报告不侵犯他人合法权益。

如所声明的内容与事实不符，与课题组、出版机构无关。由此引起的一切纠纷，由本人承担法律责任。

5.5 皮书编辑的权利与责任

皮书编辑包括责任编辑和美术 / 设计编辑。责任编辑负责皮书编辑全流程，美术 / 设计编辑负责皮书设计环节。

5.5.1 责任编辑的权利与责任

责任编辑是皮书编辑质量的第一责任人。

5.5.1.1 权利

（一）享有在版权页署名的权利；

（二）享有皮书编辑相关收益；

（三）按规定向皮书研创者提出修改意见，并在编辑职责范围内享有决定权。

5.5.1.2 资格与责任

（一）具有从事皮书编辑工作从业资格和专业水准；

（二）对编辑出版质量承担主要责任（自然人）；

（三）对稿件的政治性、科学性、知识性承担审核职责。

5.5.2 美术 / 设计编辑的权利与责任

美术 / 设计编辑是皮书设计质量的第一责任人。

5.5.2.1 权利

（一）享有在皮书封底适当位置署名的权利；

（二）享有皮书设计相关收益。

5.5.2.2 资格与责任

（一）具有从事皮书设计工作从业资格和专业水准；

（二）对设计质量承担主要责任（自然人）。

5.6
出版机构的权利与责任

出版机构是皮书出版的平台，是皮书的生产者和推广者，是皮书内容的整合者。

5.6.1　权利

（一）享有皮书品牌相关的商标专用权；

（二）根据《中华人民共和国著作权法》，享有皮书的版式设计专有权；

（三）依合同约定，享有皮书的专有出版权；

（四）依合同约定，有权对皮书进行国际推广；

（五）依合同约定，有权对皮书内容进行整合；

（六）享有其加工的皮书数字化产品的著作权；

（七）对使用皮书品牌的作品，有权对皮书名称、书名进行规范修正；

（八）享有皮书品牌所有权，有权取消不合规作品使用皮书品牌，并享有对皮书品牌下的皮书系列名称和书名进行规范的权利；

（九）有权提取皮书相关内容进行宣传推广。

5.6.2　责任

（一）对出版质量负有主要责任；

（二）对皮书的政治性、科学性、知识性进行最终把关；

（三）维护和提升皮书整体品牌形象；

（四）规范皮书写作、编辑出版与评价；

（五）规范管理皮书版权。

5.7
与皮书传播相关的权利与责任

皮书出版不是研创与编辑工作的完结。皮书价值的发挥还需要皮书成果的转化与传播。皮书研创单位 / 主编和单篇报告作者有权利、有责任传播与推广皮书成果。皮书传播权利与责任的规范如下：

（一）皮书研创单位 / 主编在与出版社协商一致的情况下，有权代表皮书课题组传播皮书内容和观点；

（二）单篇报告作者在取得皮书研创单位 / 主编允许，并与出版社协商一致的情况下有权传播其研创内容和观点；

（三）出版社主动参与皮书传播，并就皮书传播进行专业化运作，按照合同约定，出版社有权对皮书内容进行数字化加工，享有对皮书内容的信息网络传播权；

（四）皮书研创单位 / 主编、单篇报告作者、出版社应共同协商皮书传播的时间、范围、内容和形式，皮书研创单位 / 主编、单篇报告作者不得在皮书正式出版（发布会）前擅自发布皮书成果；

（五）对于社会上对皮书内容和观点的不实传播，皮书研创单位 / 主编、单篇报告作者、出版社均负有解释、纠正和引导的责任。

皮书发布的权利与责任参见社会科学文献出版社“皮书发布责任声明”。

皮书发布责任声明

（一）本新闻稿经本皮书主编 / 权利人授权发布；

（二）本新闻稿仅代表皮书报告作者（或课题组）的观点，不代表作者（或课题组）所在单位立场，也不代表社会科学文献出版社立场；

（三）任何媒体、个人未经同意不得以“中国社会科学院”名义发布皮书新闻稿；

（四）任何媒体（包括网络）、个人对于皮书新闻稿的片面解读、歪曲报道，皮书作者（或课题组）及社会科学文献出版社保留一切诉诸法律的权利。

注：本声明面向媒体，在皮书新闻稿发布时使用。

5.8 版权管理

（一）出版社依法对皮书版权进行管理，对“皮书系列”产品进行版权维护与监测。

（二）出版社与皮书作品的著作权人签订合同进行出版、发行、传播活动，并进行版权统计、管理与使用。皮书作品的著作权人应保证自己享有的著作权或被授予的著作权无瑕疵。

（三）皮书作品权利人应按照出版社的要求，提供相关授权文件或其他材料。

SSAP
手册系列
II

皮书
手册

第六部分

皮书评价与评奖

6.1
皮书评价

皮书评价，是指对皮书的内容质量、社会影响力等进行定量和定性评价，是保证皮书内容质量和可持续发展的重要方式，是对人文社会科学成果评价的积极探索。

6.2
评价指标体系

皮书评价是根据科学的、可行的指标体系所做出的综合评价。皮书综合评价指标体系应契合皮书作为应用对策性研究成果和连续出版物的基本特点，突出内容的原创性、实证性、前沿性、专业性和科学性要求，兼顾皮书的连续性、时效性。

皮书综合评价指标体系，适用于所有皮书这一类型的成果，但不同专业、不同领域皮书的指标设置、权重设置、评分细则等方面应体现差别。

皮书综合评价指标体系包括内容质量评价指标体系、社会影响力评价指标体系。内容质量评价指标体系包括研究主题的价值与意义，研究内容和方法的科学性、前沿性、实证性（应用性）、创新性、规范性、专业性、时效性、内容重复率超标扣分等指标。社会影响力评价指标体系包括媒体影响力、皮书数据库下载率、品牌贡献度 3 个指标。

皮书综合评价指标体系通过层次分析法对各个指标进行赋权，基本权重为100%，同时，又根据皮书的特点和要求设置了加分项和减分项，加分项是对皮书报告中涉及社会调查、评价评级及模型分析与预测的内容进行加分，减分项是对皮书中内容重复率超过 20% 的报告进行扣分，以保证皮书的原创性（见表 6-1）。

表 6-1 皮书综合评价指标体系

一级指标	二级指标	指标解释
内容质量	各篇报告研究主题的价值与意义	该研究主题是否具有较高的理论价值和实践意义
	科学性	内容框架、研究方法是否科学；所用资料是否翔实、可靠；对策建议是否具有较强的针对性和可操作性；预测、展望是否客观、可信
	实证性（应用性）	是否通过对研究对象进行大量的观察、实验和调查，或通过对公开出版以及未公开发表的数据的整理、分析，获取客观材料，得出结论和对策建议（是否提出鲜明、客观、全面、系统的观点、判断、评估或对策建议） 对皮书报告中包含社会调查、评价评级、模型分析与预测的内容进行加分
	前沿性	是否对现实生活中的热点、重点问题进行理论阐述；是否与有关国家或地区进行了对比研究；是否关注国际学术前沿领域或其他国家学者对某一问题的分析
	规范性	是否符合皮书出版规范
	专业性	主编和课题组主要成员研究方向是否与皮书所涉及的领域和学科一致
	时效性	皮书的出版时间和使用数据的时间
	加分项	该报告的创新程度
	内容重复率超标扣分	超过标准进行扣分
社会影响力	媒体影响力	根据媒体报道情况进行评分
	皮书数据库下载率	皮书报告在皮书数据库的下载量
	品牌贡献度	该皮书作为皮书品牌中的一个子品牌的价值

6.3 评价方法

皮书评价采取综合评价的方法，定量评价和定性评价相结合。对“社会影响力”“实证性”“时效性”等可量化的指标实行定量评价，“选题价值”“科学性”“专业性”等指标由同行专家评定。

皮书评价坚持分类别同行评审，不同专业、不同领域的皮书由本专业、本领域的专家组成评审小组分类评价。

6.4
评价主体

皮书评价主体是指皮书评价者，皮书评价主体由在相关专业、相关领域学有所长，对皮书的特点比较了解的专家、学者、核心期刊学术编辑、资深媒体人组成，一般称为皮书评价专家。皮书评价专家对皮书综合评价指标体系中的所有定量指标进行复评，并对所有定性指标进行评议打分。评价专家除了在相关研究领域具有较高的学术素养、熟悉皮书的特点和要求外，还必须有认真负责的评价态度和时间上的保证。

皮书学术委员会是皮书评价的指导机构和终评机构。

6.5
皮书评奖及其结果的使用

皮书的评奖、评优是对皮书及其报告内容的充分检验，为了奖励优秀的皮书成果，激发研创人员的积极性和创造性，中国社会科学院科研局、社会科学文献出版社每年组织同行专家对上一年度出版的所有皮书及皮书中所有的研究报告进行评优。优秀皮书奖既包括对皮书系列设置的“优秀皮书奖”，也包括为皮书中单篇报告设置的“优秀皮书报告奖”。

随着皮书作为智库产品发挥的作用日益凸显，皮书评价与评奖对不断规范皮书研创质量起到了越来越重要的作用。尤其是 2014 年《中国社会科学院皮书管理办法》颁布实施后，皮书评价、评奖结果明确作为中国社会科学院皮书纳入创新工程分级资助的依据。同时，皮书评奖结果也被多个研创单位作为本单位、本地方学术成果评奖的重要参考指标。

第七部分

皮书数字化发展

皮书数字化是皮书生命力和影响力在互联网、大数据时代的拓展和延伸。自2003年以来，为更好地满足用户日趋数字化、移动化的阅读和研究需求，实现皮书价值增值，打造互联网、大数据时代的皮书影响力，社会科学文献出版社以“皮书系列”为基础，借力不断发展的信息技术，全力打造世界领先的智库成果整合发布与知识服务平台，形成以皮书数据库为核心，中国皮书网、皮书电子书、皮书音视频共同服务于用户的皮书数字化业务格局。

7.1 皮书数字化历程

在开启“皮书系列”出版之路七年后的2003年12月，每本皮书均随书附赠一张电子光盘，正式开启了皮书数字化之路。从简单的数字化加工到产品化，到平台化；从文献服务到信息服务，到知识服务；皮书数字化之路已走过了四个阶段，如图7-1所示。

7.1.1 初探数字化（2003~2005年）：随书附赠光盘、中国皮书网始建

从2003年12月出版的“经济蓝皮书”开始，每种皮书均随书附赠一张电子光盘，这是当时最流行也是最先进的数字出版方式。附赠光盘完整收录所在皮书的内容并提供全文检索功能，而且能自动累加同品种其他年份皮书的内容以及其他皮书品种的内容，实现了皮书内容的连续阅读和跨品种阅读。这种光盘既是电子书，又具备数据库功能。与此同时，“皮书系列”的门户网站建设工作也纳入日程。2005年12月，“中国皮书网”正式上线运行，为全面宣传推广“皮书系列”提供一个全新阵地。

这一阶段，国内数字出版尚处于萌芽期，数字出版的概念尚未被广泛认可，

社会科学文献出版社敏锐地捕捉到行业发展趋势，率先以龙头产品“皮书系列”为试点进军数字出版领域，为之后成为专业出版领域出版社数字化转型升级的领跑者奠定了坚实基础。

7.1.2　全面数字化转型（2006~2012 年）：专业数据库建设

2005~2006 年，首届中国数字出版博览会召开，《国家“十一五”时期文化发展规划纲要》中正式提出“积极发展数字内容产业”，数字出版概念被业内广泛认可，数字出版产业链、数字出版规模逐渐发展。社会科学文献出版社也及时抓住机遇，开始尝试专业数据库建设。

2007 年 7 月，皮书数据库（个人用户版）正式上线，首次将“皮书系列”全部数字化，并提供搜索查询和数字化阅读功能。2009 年 5 月，皮书数据库（机构用户版）正式发布，开始试水机构用户市场。2009 年 12 月，随书附赠的电子光盘变成皮书数据库阅读卡，意在为皮书用户提供更便捷的数字化阅读服务。2011 年 3 月，全面整合个人用户版和机构用户版的皮书数据库（二期）正式上线，在完善产品建设的同时尝试向学术平台建设转型。与皮书数据库建设相伴随的是中国皮书网的不断改版升级。中国皮书网定位为“皮书系列”的门户网站，分别在 2009 年和 2012 年进行了升级改版工作，旨在搭建一个出版社与皮书作者、皮书研创机构、皮书受众之间交流互动以及品牌宣传推广的平台。

皮书数据库、中国皮书网的不断完善升级，连同围绕“皮书系列”开展的运营合作、皮书电子书建设等工作，构成皮书数字化的重要内容，也集中体现了社会科学文献出版社的数字化转型尝试。

7.1.3　深化数字化转型（2013~2017 年）：从产品到服务

为进一步提升用户体验，社会科学文献出版社于 2013 年 9 月启动了皮书数据库（三期）建设。2014 年 5 月，深度整合、全面升级原“中国皮书网”和原皮书数据库的新版皮书数据库上线，以“皮书研创出版、信息发布与知识服务平台”为基本定位，紧紧围绕皮书品牌建设，基于学术研究脉络、追踪社会热点推出专题子库，提供以满足用户需求为目标的学术资源在线查阅与研究服务，并实现了知识推荐与按需定制。2017 年 8 月，皮书数据库 App 上线，推出了随时随地快捷阅读的移动服务。这一阶段，皮书数字化以不断创新、持续丰富服务模式、提升用户体验为着力点，实现了从提供内容产品到提供知识服务的转型。

7.1.4　全面融合发展阶段（2018 年以来）：从服务到平台

自 2018 年以来，皮书数字化进入全面融合发展的新阶段。社会科学文献出版社以皮书数据库为核心，积极整合社内外相关资源，借力大数据等新技术，全力打造世界领先的智库报告传播出版平台。目前，经过 10 余年持续建设的皮书数据库内容规模已超过 45 亿字；与国内一流智库机构的资源合作之路全面开启，北京大学中国社会科学调查中心、中国发展研究基金会、上海财经大学、首都经济贸易大学特大城市经济社会发展研究院、上海国际邮轮经济研究中心等多家机构的优质资源进驻皮书数据库平台；皮书数据库投约稿系统初步完成建设，基于皮书数据的内容快速生产模式初具雏形，为优质智库报告的研创、聚合、传播奠定了技术和平台基础。

7.2
皮书数据库

皮书数据库是分析解读当下中国发展变迁的智库产品与知识服务平台，以“皮书系列”为基础，全面整合分析解读当下中国发展变迁的智库报告、专业著作、调研数据、学术资讯等资源，面向高校图书馆、公共图书馆、科研机构、党

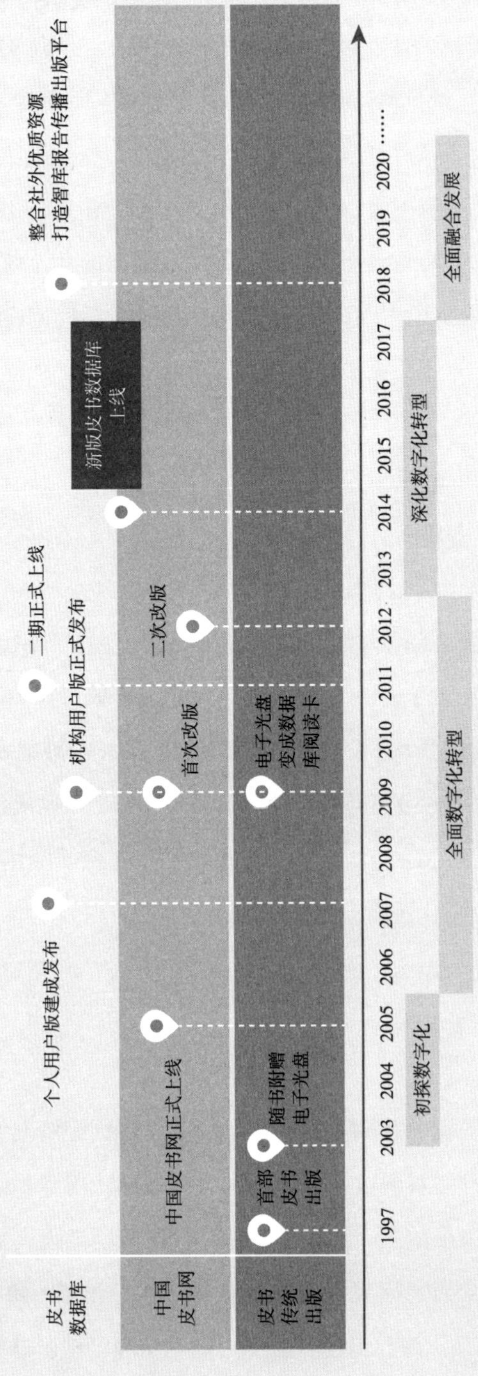

图 7-1　皮书数字化发展历程

政用户、企业用户、社会大众提供教学科研、咨政议政、投资指南、社会生活指导等服务；同时，面向皮书作者提供数据库发布作品、影响力数据报告、研创资料及工具支持等多种服务；多方位助力提升研创机构和专家学者数字时代的学术话语权及学界影响力。

皮书数据库多次荣获中国出版界最高奖项“第三届中国出版政府奖 · 网络出版物奖”提名奖，“国家新闻出版署数字出版精品遴选推荐计划 2019 年度入围项目”等国家级、行业级奖项；用户已遍及 12 个国家，机构用户超过 1500 家，个人用户超过 15 万人，累计页面浏览近 1200 万次，已经成为当下中国研究领域最具影响力的平台之一。

7.2.1 内容资源

皮书数据库内容资源涉及中国社会、中国经济、中国行业、中国区域、中国文化传媒、世界经济与国际关系 6 大主题；全面覆盖教育部《学位授予和人才培养学科目录》13 个一级学科、《国民经济行业分类（GB/T 4754—2017）》20 个一级分类；涉及 80 余个国家和 30 个地区，中国 28 个省级行政区、200 个地级及以上行政区。截至 2020 年 8 月，皮书数据库内容规模达 45.6 亿字，收录图书 1 万余本，报告近 20 万篇，图片图表近 56 万个。

7.2.2 产品架构

皮书数据库依据“皮书系列”研究内容，下设中国经济发展数据库、中国社会发展数据库、中国行业发展数据库、中国区域发展数据库、中国文化传媒数据库及世界经济与国际关系数据库六大基本子库；同时面向重大战略政策研究、学术前沿研究、经济社会热点研究需求持续推出特色专题库，如“改革开放 40 周年”“全球网络空间治理”等；深度开发皮书数据资源，建设指数库、图表库，同

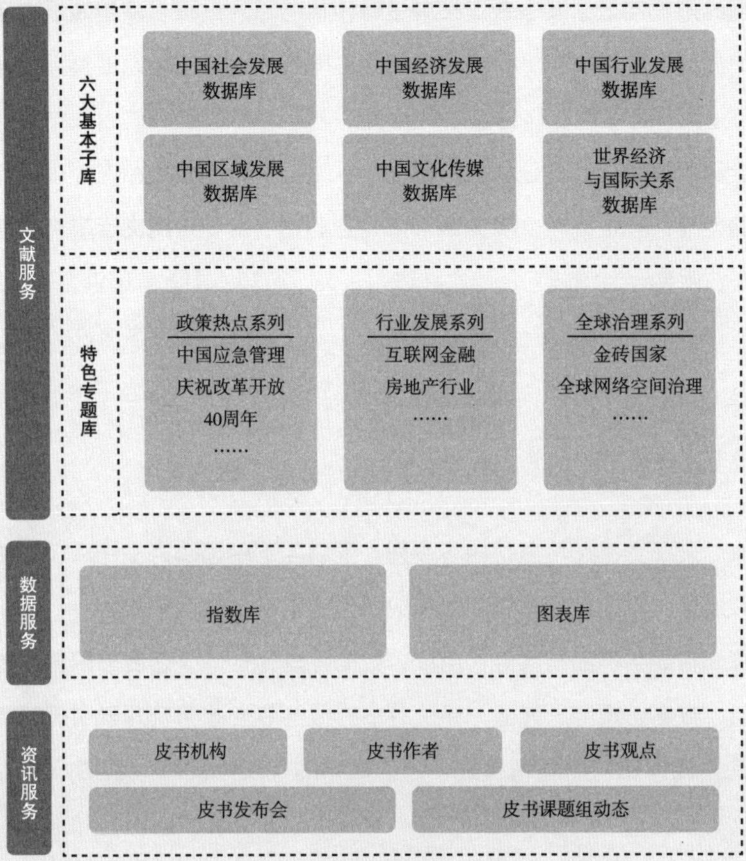

图 7-2 皮书数据库产品架构

时全面展现皮书作者、皮书机构、皮书内容动态、皮书发布会信息，如图 7-2 所示。

7.3 皮书电子书

社会科学文献出版社可为皮书研创者提供各种格式的电子书开发制作以及营销推广服务。皮书电子书的出版，是指将正式编辑制作的皮书电子书所承载的内容以适当的形式向公众发表或发布并进行传播的行为过程，除参照纸书正式出版后转化而成的电子书发布外，还包括利用不同载体进行包装以提供阅读服务的发布，以及适用于互联网、移动互联网阅读和交互的互联网发布。

社会科学文献出版社已建立起覆盖个人阅读、机构服务和海外服务的电子书发布运营渠道，包括社科文献先晓书院、亚马逊、得到、阅文、掌阅、当当、京东、豆瓣、网易、台湾华艺、中文在线、人天、可知、中图等经销合作商。

7.4 皮书数字化发展方向

未来，皮书数字化将立足内容本质，围绕当下中国研究主题，大力整合优质智库研究成果，打造世界领先的智库成果整合发布与知识服务平台；以新技术运用为支撑，将数字产品与服务、用户、数据等融为一体，为皮书研创及智库研究提供资料、数据、规范、传播、评价等多方位的专业服务；探索引流新模式，不断创新跨界载体和跨界营销模式，延伸数字时代皮书品牌社会影响力的深度与广度。

7.4.1 聚焦“当下中国”研究领域，全方位聚合优质内容资源

紧紧围绕分析解读当下中国发展变迁这一主题，加大社外智库资源整合力度，探索对已有资源的多方位深度开发。一方面，以皮书数据库为核心，通过打造皮书投约稿平台、预出版平台等方式，多渠道、全方位聚合紧密结合经济社会的发展现实、针对发生的社会大事件、快速发布的单篇智库报告等优质研究成果。另一方面，与知名智库机构强强联合，探索双方多方位的深度学术资源合作模式，共促成果价值最大化，共探成果商业化运营路径。同时，通过流媒体、大数据、人工智能等新技术运用，探索有声书、网络视频、机器人写作等基于现有优质资

源的内容多次开发模式，实现内容多次增值。

7.4.2　推进数据能力建设，提供智库成果评价服务

以皮书研创机构、皮书作者为核心的智库研创主体，全面集成皮书数据库使用及引证数据、出版社评价数据、第三方合作评价方法和结果数据、媒体报道等各种相关数据，打造“智库成果影响力指数”，并实现指数报告发布的制度化、流程化、自动化、市场化。

7.4.3　探索引流新模式，纵深提升社会影响力

打造皮书数字化营销生态圈，构建皮书学术共同体，积极借力第三方合作伙伴在渠道与推广领域的优势，全方位、最大限度聚合流量，纵深延伸皮书的社会影响力。

SSAP

手册系列

II

皮书
手册

第八部分

皮书国际化发展

2006年，社会科学文献出版社和已有300多年历史的荷兰BRILL学术出版公司决定合作出版“中国社会科学院年度报告系列丛书”的英文版，所以社会科学文献出版社的图书国际化，从皮书开始。

参与国际学术交流、传播中国学术理念，提升国际化水平，乃至联合国际智库开展针对全球性的重大问题的研究，是提升中国智库国际影响力的重要路径。皮书系列中十多种品牌持续（合计200多部）以英文、俄文等多语种的形式出版，实现了中国学术“走出去”，为智库提升国际影响力提供了平台。荷兰BRILL学术出版公司专门以“CASS Yearbook”为丛书名，自2007年开始每年出版多种英文版皮书，扩大了中国智库在海外的学术影响力。同时，多位皮书主编在国际大型书展发声、演讲，实现了与国际学术界的对话与交流。

2019年，社会科学文献出版社皮书国际化工作进一步开展，除《中国社会形势分析与预测》《中国经济形势分析与预测》《中国人口与劳动问题报告》等十余种延续性选题外，新增《“一带一路”建设发展报告》（阿尔巴尼亚文版，合作机构为阿尔巴尼亚的OMBRA GVG出版社），该皮书的国际化，丰富了皮书国际化的系列、类别、语言、地区分布以及合作机构。

皮书中外籍学者的数量也进一步体现了皮书的国际影响力。2019年版皮书中，来自全球16个国家的54位外籍学者参与了皮书研创，为皮书提供了更加丰富、多元的国际化视野。

社会科学文献出版社的国际出版业务经历了从纸质图书“走出去”到中国学者“走出去”，再到搭建国际学术传播平台三个阶段。以社会科学文献出版社为缩影，中国学术出版已经实现了“走出去”，下一步将是真正的走进国际社会，将国际出版工作持续地走下去。社会科学文献出版社国际出版的目标是，进一步整合全球学术出版资源，实现纸书、电子书、数据库等多种成果载体的国际化，优化完善国际学术传播平台，搭建全球学术出版平台，实现国际出版业务的持续发展。

8.1
皮书国际化实践

由于中国图书“走出去”经验缺乏，许多中文图书内容很难直接符合海外读者需求，通常情况下其写作体例与表达方式也不符合海外出版社的出版要求。海外出版机构直接购买版权的情况较少。更多的情况是国内出版机构与海外出版机构合作出版，由国内出版机构根据海外出版社的要求，组织力量对内容进行调整，并按外文表达习惯对内容进行翻译审校，最终形成符合国际出版规范的内容。在皮书的国际化过程中，国内出版机构所扮演的角色更多元，远远超出了传统出版社的范畴。

8.1.1 皮书国际出版的前端质量控制

为使皮书符合国际学术出版规范，以达到“走出去”的目标，社会科学文献出版社针对皮书制定了专门的“走出去”标准，主要包括以下内容。(1)选题内容符合国际出版热点。(2)学术质量达到国际水准，即资料价值高、立意视野深远、学术功底深厚、表达形式规范等。(3)皮书主编或主要作者在国内外具有一定的知名度和影响力。(4)皮书必须含有以下要素所对应的英文：皮书丛书名、书名、目录、全书及各篇报告摘要及关键词。

8.1.2 皮书国际出版的业务流程

社会科学文献出版社建立了完整的皮书国际化的业务流程（见表 8-1）。

表 8-1　皮书国际出版的业务流程

业务流程	业务说明
选题来源	选题来源主要包括编辑推荐、作者自荐、国际出版分社推荐、海外出版社提出
选题论证	皮书课题组、皮书编辑、社会科学文献出版社国际出版分社均可提出皮书选题申请，申请材料包括：英文书名、目录、内容简介、作者简介与作者背景介绍等。皮书选题需通过社科文献国际出版工作委员会论证
组建项目组	若选题通过，则组建项目组。项目组由皮书课题组、责任编辑、国际出版分社相关人员组成
皮书内容的遴选、加工、翻译	项目组对拟"走出去"皮书内容进行遴选、加工、翻译。若为已出版的书目，则还要包括国内的销售情况、专家评论、读者反馈等信息
国际出版申请材料	准备国际出版的申请材料。包括填写外文选题单、提供稿件的翻译样章
向海外出版社推荐	皮书课题组可以自行推荐，出版社可提供版权、翻译等相关服务；也可以委托出版社推荐。凡委托出版社推荐的，由国际出版分社从合作出版数据库中选择重点推荐的合作出版机构，向其发送推荐材料，同时记录备案。对于海外出版社有合作意向的稿件，国际出版分社相关负责人就贸易条款与对方进行沟通谈判
签订合作协议	海外出版社同意出版后，双方签订合作协议，并将信息反馈给编辑部门。由作者或责编对中文书稿进行二次加工，主要是对原书稿进行删改
申请翻译资助	申请翻译资助（可与上述流程同时进行），若申请不到资助，则与作者协商相关费用成本
翻译审校书稿	对书稿进行翻译和审校
提交海外出版社	将翻译和审校后的书稿提交至海外出版社
海外出版社编辑书稿	对书稿进行编辑，双方合力解决书稿中存在的问题，完成国际合作出版
海外发布、推广	对海外合作版皮书进行海外发布和推广

8.1.3 皮书国际化宣传

在通过前端控制质量，中端规范运作完成国际出版后，图书出版后的宣传推广也是出版流程的重要环节。海外推广可称为皮书"走出去"的"临门一脚"。

为提升皮书的国际影响力，社会科学文献出版社鼓励和支持作者利用各种国际资源和平台在海外发布自己的这一成果。同时，社会科学文献出版社也会利用其国际资源，如国际书展、海外合作机构、有合作关系的海外大学和研究机构，组织皮书主编在海外举办图书发布会或相关主题的学术研讨会。具体通过以下多种形式推动这项工作的进行。

8.1.3.1 皮书的国际发布

图书发布会是图书完成出版后向世人宣介的传统方式。社会科学文献出版社在中文皮书发布上拥有一套完整的宣传流程，配备了专门的人员队伍，将其在中文皮书宣传推广上的成功经验运用到皮书的国际推广上，鼓励作者发起，或自行发起在海外召开皮书的国际发布会，并通过国内外的线上线下媒体以及微信公众号等新媒体及时、大力地进行宣传造势。

8.1.3.2 国际学术研讨会

德国法兰克福国际书展中国年期间，在中国社会科学院国际合作局的鼎力支持下，社科文献精心策划、举办了一场以“中国经济发展与全球金融危机”为主题的学术演讲会，多位中国著名学者领衔的专家团队参会，并以英文进行演讲，现场接受了外国学者和媒体的提问与采访，引起了热烈反响。国际研讨会的举办，成功树立了中国学者、中国学术出版机构良好的国际形象，更重要的是其所承载的优秀的中国形象也得到了彰显。

8.1.3.3 皮书作者“走出去”

学者是学术体系的核心，中国学者的国际学术影响力是中国皮书国际化的决定因素。社会科学文献出版社充分认识到了这一点，并在皮书国际化过程中积极推动中国学者“走出去”。社会科学文献出版社多次组织多名皮书作者到海外进行学术交流访问，举办专题讲座和研讨会，参加各大书展，并配合期间或后期的媒体宣传，最大限度地提升中国学者的影响力。

8.2 皮书国际化增值服务

8.2.1 皮书国际化的资源整合

内容再创作的方式主要有两种。（1）单本皮书历年文章的整合，即将某种皮书多年来出版的内容按照一定逻辑结构整合成一本完整的学术专著。社会科学文献出版社与施普林格·自然集团合作出版的“中国梦与中国发展道路研究系列”中的《西部地区发展：中国视角》、《中国文化消费需求景气评价报告》等图书就是通过这种方式实现了“走出去”。（2）多本皮书的整合，即将两本或多本皮书中主题一致的部分抽出，重新组合成为一本学术著作。《中国法治指数研究》一书就是将《中国法治发展报告》与《中国地方法治发展报告》两本皮书中关于法治指数研究的部分抽取出来整合而成，从而实现了“走出去”。

8.2.2 皮书国际化的融合发展

为了进一步提升皮书的国际化价值，社会科学文献出版社还将自身的优质数据库资源与皮书国际化相融合，推出了皮书数据库的海外推广，实现了皮书资源的全球化使用。皮书数据库已经成为研究中国现当代问题的学者和机构必不可少的参考材料。其海外使用机构包括大学图书馆，如哈佛大学、普林斯顿大学、伯克利大学、斯坦福大学、杜克大学、约翰布鲁金斯大学、牛津大学等的图书馆；高级智库，如美国国会图书馆（为美国各级政府提供公共及外交政策领域全方位咨询服务的研究机构）。这使皮书系列进入了国际知名学术出版产品的行列。

在“一带一路”倡议下，社会科学文献出版社整合自身在俄语地区的传播优势，努力开发“中国社科图书俄语地区数字传播平台”项目。该项目包含专题数据库、电子书在线阅读与交易平台和学术社区，并拓展该平台在俄语地区个人、图书馆及机构用户中的使用。该项目整合已出版的皮书系列内容资源，并通过多语种语料库和技术处理，实现了中文内容的俄语转换。

8.2.3 国际出版资助平台

在实现皮书国际化的 219 种皮书中，84 种为外方购买版权的直接版权输出，占比 38.36%。其他 135 种皮书“走出去”的经费主要来源于政府、社会科学文献出版社、作者。出版社可以协助作者申报政府资助平台从而实现国际化出版。其中，政府主要是通过各种“走出去”出版项目提供经费支持，这些项目主要有“中国图书对外推广计划”“文化产业发展专项资金”“国家社科基金中华学术外译项目”“丝路书香重点翻译项目”“经典中国国际出版工程”“中国社会科学院创新工程中译外项目”（见表 8-2）。

作者提供经费主要有提供全部费用和提供翻译两种方式。后者指作者方自己翻译，但不承担其他费用。其他经费则全部来自社会科学文献出版社。

表 8-2 皮书国际出版资助平台

出版资助平台	委托部门
中国图书对外推广计划	国务院新闻办公室
中国社会科学院创新工程中译外项目	中国社会科学院
文化产业发展专项资金	财政部
国家社科基金中华学术外译项目	全国哲学社会科学规划办公室
丝路书香重点翻译项目	新闻出版署
经典中国国际出版工程	新闻出版署

8.3 皮书英文译文规范

为提高皮书的国际影响力，每本皮书必须含有以下要素所对应的英文：丛书名、书名、全书及各篇报告摘要及关键词、目录。

8.3.1　丛书名

“××蓝皮书”应翻译为:“Blue Book of ××”，绿皮书译为“Green Book”，黄皮书译为“Yellow Book”。

示例:

新媒体蓝皮书：Blue Book of New Media

8.3.2　书名

以下是书名常用词的规范翻译。

（1）发展报告：Development Report on ××

（2）分析报告：Analysis Report on ××

（3）年度报告：Annual Report on ××

（4）研究报告：Research Report on ××

（5）评价报告：Evaluation Report on ××

（6）评估报告：Assessment Report on ××

（7）调查报告：Investigation Report on ××

（8）进程报告：Progress Report on ××

（9）竞争力报告：Competitiveness Report on ××

（10）分析与预测：Analysis and Forecast

（11）经济展望：Economic Outlook

（12）前景分析：Outlook Analysis

其他不在以上所列举范围内的皮书书名的英文应以“Report on ××”的形式出现。尽量避免将“Report”一词放置在英文书名的末尾。例如:《中国医药卫生体制改革报告》应翻译为 Report on China’s Healthcare System Reform，而不是 China’s Healthcare System Reform Report。

8.3.3 全书及各篇报告摘要

以下是摘要常用词语的规范翻译。

（1）问题与对策：Problems and Countermeasures（注：只有当“对策”一词与“问题”搭配使用时才能翻译为“countermeasure”，在其他情况下必须使用含“policy”的词组，见“现状与对策”的翻译）

（2）现状与对策：Current Condition and Policy Suggestions

（3）挑战与对策：Challenges and Policy Response

（4）现状与趋势：Current Condition and Development Trends

（5）政策建议：Policy Suggestions

（6）中美关系：China-US Relations［注：任何国际关系中的“关系”一词务必用“relations”（复数形式），而非“relationship”］

在翻译全书及各篇报告的摘要时须避免出现如下情况。

（1）拼写错误。

（2）在句子开头用阿拉伯数字。

（3）在英文中出现顿号“、”、书名号“《》”或中文中的句号“。”。

（4）特殊符号使用前后不一致（如货币、百分比、数字）。

（5）某名词在文中只以缩写形式出现而没有全称。

（6）使用中国人自创的英文字。

（7）在讲述发生在过去或已经结束的事件时使用一般现在时。

（8）在介绍皮书主编/作者时使用过于浮华的形容词（如“famous”“prominent”“well’known”“top scholars”等）。

（9）在提及英文作品时只使用书名或文章名的中文翻译而不提供原著英文名。

8.3.4 关键词

在翻译关键词时遵守以下几条原则：

（1）当关键词是词组时，该词组的搭配必须符合语法。例如，应采用“Financial Crisis”而不是“Finance Crisis”。

（2）选择字数最少的表达方式。例如，应采用“Growth Model”而不是“Model of Growth”。

（3）选择最权威或最常用的翻译。例如，应采用“Chinese Dream”而不是“China Dream”。

（4）一般情况下关键词不含冠词。例如，应采用“Clinton Administration”而不是“The Clinton Administration”。但是，国家名是例外。例如，应采用“The Phillipines”而不是“Phillipines”。

（5）人名用全名。例如，应采用“Barack Obama”而不是“Obama”。

此外，在翻译关键词时，还应注意以下几点：

（1）“Keywords”是一个词，不应分开写为“Key words”。

（2）首字母大写。

（3）关键词之间用分号隔开。

8.3.5 目录

以下是目录常用词语的规范翻译。

（1）目录：Table of Contents & Contents

（2）前言：Foreword

（3）序（代序）：Preface

（4）附录：Appendix

（5）后记：Postscript

（6）大事记：Key Events

（7）参考文献：References

（8）总报告：General Report

（9）分报告：Topical Reports

（10）技术报告：Technical Reports

（11）经济篇：Economic Analysis

（12）社会篇：Social Analysis

（13）调查篇：Investigation Reports

（14）调研篇：Research Reports

（15）专题篇：Special Topics

（16）案例篇：Case Studies（副标题中出现“以××为例”时应翻成“A Case Study of××”）

（17）国际借鉴篇：International Experience and Lessons

（18）借鉴篇：Experience and Lessons

（19）比较篇：Comparison Reports

（20）产业篇：Industry Reports

（21）城市（区）篇：Cities and Districts

（22）地区篇：Regional Reports

（23）公共服务篇：Public Services

（24）评价篇：Evaluation Reports

（25）区县篇：Area Reports

（26）热点篇：Key Issues

（27）生态环境篇：Ecology

（28）综合篇：Surveys

（29）战略篇：Strategy Reports

（30）创新篇：Innovation Reports

（31）实践篇：Practice Reports

在翻译目录时，应注意：

（1）“Reports”一词出现在皮书各部分的标题中时，必须使用其复数形式；为避免生硬、牵强表达，有些英文标题中“Reports”一词可以省略。

（2）皮书各部分以及各单篇报告的标题中所有实词的首字母应大写。

SSAP
手册系列
II

皮书
手册

主要参考文献

国家保密局、中央对外宣传小组、新闻出版署、广播电影电视部:《新闻出版保密规定》，1992年10月1日。

国土资源部:《地图审核管理规定》(国土资源部令第34号)，2006年8月1日。

国务院:《出版管理条例》(国务院令第594号)，2002年2月1日。

国务院:《信息网络传播权保护条例》(国务院令第468号)，2006年7月1日。

国务院:《中华人民共和国测绘成果管理条例》(国务院令第469号)，2006年9月1日。

国务院:《宗教事务条例》(国务院令第426号)，2005年3月1日。

教育部:《教育部关于严肃处理高等学校学术不端行为的通知》(教社科〔2009〕3号)，2009年3月19日。

全国人民代表大会常务委员会:《中华人民共和国保守国家秘密法》(主席令第28号)，2010年10月1日。

全国人民代表大会常务委员会:《中华人民共和国测绘法》(主席令第75号)，2002年12月1日。

全国人民代表大会常务委员会:《中华人民共和国反不正当竞争法》(主席令第10号)，1993年12月1日。

全国人民代表大会常务委员会:《中华人民共和国著作权法》(第二次修正)(主席令第26号)，2010年4月1日。

教育部社会科学委员会学风建设委员会组编《高校人文社会科学学术规范指南》，高等教育出版社，2009。

新闻出版署:《图书编辑工作基本规程》(新闻出版总署图管字〔98〕第98号)，1998年11月10日。

新闻出版总署:《关于加快我国数字出版产业发展的若干意见》(新出政发〔2010〕7号)，2010年8月16日。

新闻出版总署:《数字出版“十二五”时期发展规划》，《中国出版》2011年第17期。

新闻出版总署科技发展司、新闻出版总署图书出版管理司、中国标准出版社:《作者编辑常用标准及规范》,中国标准出版社,2010。

马海群等:《版权与图书外贸》,黑龙江人民出版社,2009。
施勇勤、张凤杰:《数字版权概念探析》,《中国出版》2012 年第 5 期。
司有和:《科技符号的表述规则》,《科技与出版》1996 年第 11 期。
王茜:《书籍装帧设计》,机械工业出版社,2013。
谢曙光:《皮书研创与智库建设》,社会科学文献出版社,2014。
谢曙光:《智库成果蓝皮书:中国皮书发展报告(2019)》,社会科学文献出版社,2019。

美国心理协会:《APA 格式:国际社会科学学术写作规范手册》,席仲恩译,重庆大学出版社,2011。
芝加哥大学出版社:《芝加哥手册——写作、编辑和出版指南》(第 16 版),吴波等译,高等教育出版社,2014。
谢曙光:《作者手册》,社会科学文献出版社,2020。

图书在版编目(CIP)数据

皮书手册：写作、编辑出版与评价指南 / 谢曙光主编. -- 4版. -- 北京：社会科学文献出版社, 2020.9

（SSAP手册系列）

ISBN 978-7-5201-7267-7

Ⅰ. ①皮… Ⅱ. ①谢… Ⅲ. ①社会科学－研究报告－规范－中国－手册 Ⅳ. ①C12-65

中国版本图书馆CIP数据核字（2020）第171848号

· SSAP手册系列 ·

皮书手册（第四版）

写作、编辑出版与评价指南

研　　制 / “皮书规范”课题组

主　　编 / 谢曙光

出 版 人 / 谢寿光

责任编辑 / 吴　丹

文稿编辑 / 张铭晏

出　　版 / 社会科学文献出版社 · 皮书研究院（010）59367092

地址：北京市北三环中路甲29号院华龙大厦　邮编：100029

网址：www.ssap.com.cn

发　　行 / 市场营销中心（010）59367081　59367083

印　　装 / 北京盛通印刷股份有限公司

规　　格 / 开　本：787mm×1092mm　1/16

印　张：10.25　字　数：150千字

版　　次 / 2020年9月第4版　2020年9月第1次印刷

书　　号 / ISBN 978-7-5201-7267-7

定　　价 / 98.00元